多维度视角下的英语教育教学探索

冯莹莹 著

吉林大学出版社
·长春·

图书在版编目（CIP）数据

多维度视角下的英语教育教学探索 / 冯莹莹著 . -- 长春：吉林大学出版社，2022.9
ISBN 978-7-5768-0848-3

Ⅰ . ①多… Ⅱ . ①冯… Ⅲ . ①英语—教学研究 Ⅳ . ① H319.3

中国版本图书馆 CIP 数据核字 (2022) 第 192901 号

书　　　名	多维度视角下的英语教育教学探索
	DUOWEIDU SHIJIAO XIA DE YINGYU JIAOYU JIAOXUE TANSUO
作　　　者	冯莹莹　著
策划编辑	殷丽爽
责任编辑	张宏亮
责任校对	安　萌
装帧设计	李文文
出版发行	吉林大学出版社
社　　　址	长春市人民大街 4059 号
邮政编码	130021
发行电话	0431-89580028/29/21
网　　　址	http://www.jlup.com.cn
电子邮箱	jldxcbs@sina.com
印　　　刷	天津和萱印刷有限公司
开　　　本	787mm×1092mm　1/16
印　　　张	11.5
字　　　数	210 千字
版　　　次	2023 年 8 月　第 1 版
印　　　次	2023 年 8 月　第 1 次
书　　　号	ISBN 978-7-5768-0848-3
定　　　价	72.00 元

版权所有　翻印必究

作者简介

冯莹莹，女，毕业于辽宁师范大学，课程与教学论专业，研究生学历，现就职于科尔沁艺术职业学院，副教授。研究方向为英语教学成果。曾在第五届青年教师课堂教学竞赛获得二等奖。

前　言

随着经济全球化的持续发展及中国对外开放的不断深入，国家之间交流与合作日益频繁，汉语虽然是世界上使用人数最多的一种语言，但是普及范围最广的非英语莫属。英语已经成为国际沟通的一种符号，并渗透到生活中的每一个部分，社会亟须一批高水平、高能力、高素质的英语人才。基于这种原因的考虑，我国也顺应时代的发展步伐，将培养符合时代发展的英语多功能型复合人才放到重要的位置，各高校也加大力度提高对英语教学的师资投入水平，以期在一定程度上促使我国的当代大学生具备时代发展所要求的英语综合能力。英语教育教学是培养英语人才的重要领域，对提高学生的英语水平与交流技能起着重要的推动作用，甚至对社会的进步起着一定的督促作用。

本书第一章为我国英语教育的历史与发展，分别介绍了我国基础英语教育教学的发展、我国高等教育英语教育教学的发展、我国职业教育英语教育教学的发展三个方面的内容；本书第二章为英语学科教育与核心素养，主要介绍了四个方面的内容，依次是英语学科核心素养的内涵、基于核心素养的英语课程目标与内容、基于核心素养的英语学业质量标准、基于核心素养的英语课堂教学；本书第三章为英语学科教育与学生思维能力，分别介绍了三个方面的内容，依次是英语学习与学生思维能力发展的关系、英语学科内容促进学生思维能力发展的途径、英语教育教学中促进学生思维能力发展的策略；本书第四章为英语教育教学与信息技术的融合，依次介绍了英语教育教学与信息技术融合的内涵、英语教育教学与信息技术融合的策略、英语教育教学与信息技术融合的意义和价值三个方面的内容；本书第五章为现代高校英语教育教学的现状与创新，主要介绍了三个方面的内容，分别是高校英语教育教学的目标与现状、高校英语教育的教学方法与教学管理、高校英语教育的课程规划与课程评价和高校英语教育教学的新理念与新模式。

在撰写本书的过程中，笔者得到了许多专家学者的帮助和指导，参考了大量的学术文献，在此表示真诚的感谢！

  限于笔者水平不足，加之时间仓促，本书难免存在一些疏漏，在此恳请同行专家和读者朋友批评指正！

作者

2021 年 11 月

目　录

第一章　我国英语教育的历史与发展 ··· 1
　　第一节　我国基础英语教育教学的发展 ·· 1
　　第二节　我国高等教育英语教育教学的发展 ······································ 6
　　第三节　我国职业教育英语教育教学的发展 ···································· 12

第二章　英语学科教育与核心素养 ··· 19
　　第一节　英语学科核心素养的内涵 ··· 19
　　第二节　基于核心素养的英语课程目标与内容 ································· 26
　　第三节　基于核心素养的英语学业质量标准 ···································· 28
　　第四节　基于核心素养的英语课堂教学 ·· 37

第三章　英语学科教育与学生思维能力 ·· 41
　　第一节　英语学习与学生思维能力发展的关系 ································· 41
　　第二节　英语学科内容促进学生思维能力发展的途径 ······················· 54
　　第三节　英语教育教学中促进学生思维能力发展的策略 ···················· 69

第四章　英语教育教学与信息技术的融合 ··· 77
　　第一节　英语教育教学与信息技术融合的内涵 ································· 77
　　第二节　英语教育教学与信息技术融合的策略 ································· 80
　　第三节　英语教育教学与信息技术融合的意义和价值 ····················· 114

第五章　现代高校英语教育教学的现状与创新·································119
　　第一节　高校英语教育教学的目标与现状·································119
　　第二节　高校英语教育的教学方法与教学管理·····························130
　　第三节　高校英语教育的课程规划与课程评价·····························138
　　第四节　高校英语教育教学的新理念与新模式·····························157

参考文献···175

第一章 我国英语教育的历史与发展

本章针对我国英语教育的历史与发展展开论述，围绕三个方面进行阐释，依次为我国基础英语教育教学的发展、我国高等教育英语教育教学的发展、我国职业教育英语教育教学的发展。

第一节 我国基础英语教育教学的发展

一、我国基础英语教育教学发展的分期

（一）苏化模仿阶段

中华人民共和国成立初期，受国际、国内复杂因素的制约和影响，我国向社会主义国家学习各种先进理念，各个领域多以苏联为模板。因此，这一时期我国的基础教育英语课程在课程目标的制定、课程内容的选择与组织等方面，均以"基础俄语"课程为标准。1950年，教育部颁发的《中学暂行教学计划（草案）》提出，中学外语课程为俄语，于是全国范围拉开了俄语学习的序幕。1956年，为确保基础英语课程质量，教育部颁发了《高级中学英语教学大纲（草案）》，该大纲的特点为：重基础英语外语阅读能力，轻基础英语外语听说能力；重知识与技能的传授与训练，轻语言综合能力。

（二）萌芽发端阶段

20世纪50年代中期，我国政府开始着力加强外语教学的调整与规划工作，初级中学外语课程恢复，课时也得以增加。到了1962年，英语正式成为高考科目。逐渐地，英语课程的工具性特点得以凸显，培养学生的外语阅读能力继续得到强调，培养学生的写作能力、翻译能力也初步有所体现。这一时期的英语课程内容，逐渐突破了完全以俄语为参照的模式。在教材编写上，逐级体现了英语语言的特

点与规律，并关注与学生实际生活的联系，以英语语篇为主，将语音、词汇、语法进行系统编排；在课程实施中，在强调培养学生的英语阅读能力的同时，听、说、写、译等能力也逐渐得到重视，相应地在考核中也有所体现。

（三）恢复与探索阶段

1977年，全国统一高考制度的恢复，是我国教育战线的标志性重大突破，基础教育的恢复也随之有了更大的进展。1978年1月《全日制十年制中小学教学计划试行草案》（小学五年制、初中三年制、高中两年制）出台，明确了中小学英语课程开设及课时要求，至此全国统一开设的包括英语课程在内的14门中小学课程恢复。在同年秋季，教育部组织并完成全国中小学教材的统编。1982年5月，全国中学外语教育工作会议在北京召开。1982年7月，教育部下达了《关于加强中学外语教育的意见》，对我国基础教育英语课程的恢复与发展制定了具体的措施与方案。在该阶段我国基础教育英语教学大纲也随之出台。

（四）全面发展阶段

20世纪80年代中后期，随着改革开放在我国各个领域的深入推进，"科教兴国"战略也得以确立。1985年，标志着我国教育体制改革全面启动的《中共中央关于教育体制改革的决定》（以下简称《决定》）出台。《决定》的出台，既明确了我国教育的现状与问题，也给出了针对性的解决方案，"在我国教育体制改革中具有里程碑式的重要意义"。1988年，《义务教育全日制小学、初级中学教学计划（试行草案）》出台，制定了"六·三学制"（适用于小学六年和初中三年）、"五·四学制"（适用于小学五年和初中四年）及"九年一贯制"。相应地，九年义务教育阶段的课程也分为"六·三学制"和"五·四学制"两大类。

1993年，《中国教育改革和发展纲要》出台，明确指出："中小学要由'应试教育'转向全面提高国民素质的轨道。"1994年，《实行新工时制对全日制小学、初级中学课程（教学）计划进行调整的意见》由国家教育委员会发布，其中指出了调整课程与教学的具体计划。1999年6月，《中共中央 国务院关于深化教育改革全面推进素质教育的决定》出台，强调全面推进素质教育，以提高国民素质为根本宗旨。

（五）深化创新阶段

2001年，《基础教育课程改革纲要（试行）》（以下简称《纲要》）颁布，拉开了我国新一轮基础教育课程改革的序幕，也意味着符合我国素质教育要求的新基础教育课程体系构建的启动。《纲要》明确了新一轮基础教育课程改革依据科学的发展观念，贯彻党的教育方针，全面推进素质教育。改革的具体目标指向改变教学中重知识轻能力的倾向，让学习主体在获得知识和技能的同时，学会学习，形成正确的价值观、人生观等。《纲要》指出，根据各年级段学生的年龄、心理、认知等特点的不同，小学阶段应以综合课程为主，初中阶段设置分科和综合相结合的课程，而高中阶段则主要以分科课程为主。至此，我国新一轮基础教育课程改革正式启动，一直以来作为课程教育教学领域的指导性纲领文件的"教学大纲"，也改为"课程标准"。

2017年，《普通高中英语课程标准（2017年版）》正式实施，英语学科核心素养的培育成为基础教育英语课程与教学的主要目标，揭开了新时代我国基础教育英语教育教学的新篇章。

二、基础英语教学目标的发展变革

（一）由知识本位转变为学生本位

在整个发展过程中，我国的英语基础教学由只重视英语语言学习和应用转变为如今同时重视学生的全面良好发展，提出了英语学科的四大核心素养。由以往的将英语知识和能力的学习放在首位，转变为将"激发和培养学生学习英语的兴趣，使学生树立自信心，养成良好的学习习惯和形成有效的学习策略，发展自主学习的能力和合作精神"放在首位。这体现了英语教学从知识本位转变为学生本位，树立了以人为本的先进观念的特点。

（二）教学目标由单一走向多元

从1949年到20世纪末的大纲主要呈现出我国对于英语学科"双基"的训练，强调对英语学科听、说、读、写、译方面能力的培养。20世纪90年代的大纲初步涉及了交际教学，并且增加了"语言交际、智力因素、国内和国际视野"这几个板块。到了21世纪，我国英语教学目标不仅重视语言基础知识，更广泛全面涉及工具性和人文性双重性质，注重学生学习策略、情感态度等综合素质的培养。2017年聚焦学生四大核心素养，即语言知识、文化意识、思维品质和学习能力，形成一个自我生成的有机课堂。这体现了我国英语教学目标由单一走向全面，由具体走向综合的特点。

（三）与时代要求相呼应

我们可以看到，无论是清朝政府时期为了满足对外交流，翻译外国文字，还是20世纪60年代为吸收有利于社会主义建设的优秀技术成果，80年代为把我国建设成为社会主义现代化国家，到如今为加强对外交流，为国家培养全能型人才，英语教学目标始终包含了每个时代的话语标记，与每个时代的要求相呼应。最后一个特点也是最为重要的一个特点，即由单一的工具性转变为工具性和人文性相统一。这个转变主要是21世纪的发展成果。20世纪末有所涉及的"语言交际、智力因素、国内和国际视野"这几个板块在向人文性方面靠近，2001年的大纲更广泛地涉及了陶冶情操、开阔视野、开发思维等人文性方面，2003年提出了培养综合语言运用能力，到2011年我国在正式文件中明确了英语课程双重性质，话语逐渐走向成熟，标志着英语不再仅仅作为工具来看待，而是一门人文学科。

三、新时期英语基础教育的工具性和人文性特点

（一）工具性和人文性特点形成的原因

英语作为一门语言的工具性已不需累述，笔者主要阐释英语课程兼有人文性的原因。理由主要有四方面。

1. 英语的语言属性

英语首先是一门语言。"语言是人类特有的一种符号系统。当作用于人与人关系的时候，它是表达相互反应的中介；当作用于人和客观世界的关系的时候，它是认知事物的工具。当作用于文化的时候，它是文化信息的载体。"当我们接触一门语言时，势必会接触到它对应的民族风俗、习惯、历史、科技、传统等人文方面，这其实就是语言的人文性质。

2. 英语的课程属性

从英语这门学科来看，英语是一门语言课程，从学科分类来看它属于人文学科。杜时忠指出人文教育学家们从培养完美人格的理想出发，他们普遍相信人文学科知识具有特殊功能，如果能很好地掌握，将有助于个人理智、道德、情感及各种能力的成熟。英语既然为人文学科，就应该发挥人文学科的特殊功能。

3. 英语的育人属性

从教育思想来说，现在非常具有影响的人文主义思想，以及我国的教育如今推崇以人为本的科学发展观，都强调学生本体地位，尊重他们的个性差异，促进

学生综合素质的全面发展。所以，教师在英语教学中不应只注重学生对英语知识的掌握，还应注重他们的三观、眼界视野等方面，为其未来发展奠基。

教育部2014年提出，要"发展学生核心素养，实现立德树人"的人才培养目标，给教育教学改革提出了新的要求，也给人才培养明确了新的方向。英语作为一门基础学科，应发挥其学科优势，加强与其他学科的融合，不仅要通过教学提高学生语言能力，还要培养学生的思维、道德情操、国际视野和用语言解决问题的能力及创新精神。

（二）工具性和人文性特点实现的途径

1. 教师素质的提升

非常重要的一点是教师本身的思想素质和人文素养需要提高。从英语课程标准发展过程来看，英语仅仅作为工具的思想已根深蒂固。故而，教师的转变需要一个过程。教师需要改变语言仅仅是一种工具这种思想，从自身做起，提高综合素养和人文素质。"教师不仅要有过硬的英语语言基本功；还应懂先进的教育理论，了解学生的心理及二语习得的基本规律；深入了解中西方文化，能将文化内涵渗透在英语教学中；掌握现代教育技术，能用多媒体等计算机辅助教学手段"。这不仅需要教师学习进取，还需要学校、国家、社会等层面对教师进行相关的培训和辅导。

2. 课堂教学的改良

教师在教学过程中不应只注重学生的知识学习，还应该通过英语这门语言了解世界，开阔视野，深入探讨其背后的文化底蕴和思想内涵。比如，典型的"内容阅读教学"方法就是通过阅读英语文章让学生不仅练习英语阅读的能力，还通过这篇文章了解外国文化，同时发扬学生积极思考主动学习的精神，并对学生的价值观和人生观进行引导。教师还可以通过一些课外活动，如电影、知识竞赛、英美戏剧表演等方式让学生浸入英语文化氛围和环境，在潜移默化中培养其人文精神。同时，国家和学校在英语教材设计上也可以下功夫。除全国的教材变革外，有条件的学校也可以根据学生的实际水平编写校本教材来丰富教学内容，这样可以实现学生的个性化学习，做到以人为本。

3. 教学评价的多元化

教学评价也会影响英语教学的双重性质实现。"教学评估要改变过去单一的终结性评估模式，要把终结性和形成性评估有机地结合起来。"在评价过程中要坚持发展性、主体性、多元化和过程性的原则，将学生学习过程进行观察、监督和评估，这样有利于调动学生的学习热情，让学生积极主动学习，养成良好的学习习惯。

第二节　我国高等教育英语教育教学的发展

一、我国高等英语教育教学的发展分期

（一）复苏阶段

我国高等英语教学即大学（公共）英语教学的历史可以追溯到 1956 年。从 1956 年起，各高校陆续开设大学公共英语课。1960 年以后，大学中修读英语课的学生人数增加较快；到 1972 年恢复高考后，各高校普遍开设了公共英语课。教育部在 1962 年 6 月公布了中华人民共和国成立后第一份大学英语教学大纲——《英语教学大纲（试行草案）》，此时对英语教学的要求较低，教学目标是为学生能阅读本专业英文书刊打下语言基础，教学以阅读为主，采用语法翻译法，教材一般为由各校英语教师为本校非英语专业学生编写的非公开出版的讲义，即各校结合学生所学的专业自编教材。

（二）起步阶段

1977 年，国家恢复高考。1978 年 8 月，教育部在北京召开全国外语教育座谈会，廖承志做了题为"加紧培养外语人才"的重要讲话，虽然重点是外语专业人才的培养，但是涉及大、中、小学外语教育。1982 年 4 月，公共外语教学研究会的成立和高等学校公共英语课教学经验交流会的召开标志着我国公共英语教学进入了一个新阶段，公共英语教学作为一门学科受到了广泛重视。1985 年出版的《大学英语教学大纲》（理工科本科用）和 1986 年 4 月出版的《大学英语教学大纲》（文理科本科用）两份教学大纲是中华人民共和国成立之后第一部完整、详尽的大纲。1987 年 4 月，中华人民共和国国家教育委员会正式下达通知，在全国试行大学英语四级考试，并于 1987 年 9 月 20 日进行了第一次考试，于 1989 年开始了大学英语六级考试。20 世纪 80 年代初，电化教学手段不断涌向教学，许多教师开始借助电教手段如录音机、幻灯机等提高教学效果，许多学校通过校园广播、开放自由听音室、周末影院等形式营造英语学习氛围。1992 年 3 月，中国英语教学研讨会在天津师范大学召开，会上特别讨论了如何使用计算机等现代化教育技

术问题。

总体来说，这一时期的大学英语教学虽停留在语言知识的传授上，但教学发生了翻天覆地的变化，特别是从1985年和1986年大学英语教学大纲的颁布及CET-4和CET-6实施后，大学英语进入了一个崭新的时期。

（三）跨越式发展阶段

1999年，我国高校实行扩招，为适应改革开放不断深入发展的新形势，教育部采取了一系列措施，改变了过去以阅读理解为主的指导思想，鼓励开展双语教学，并广泛采用先进的信息技术来推动基于计算机的英语教学改革。与此同时，大学英语教学指导委员会于1999年推出了《大学英语教学大纲》（修订本），它统一了1985年的《大学英语教学大纲》（理工科本科用）和1986年的《大学英语教学大纲》（文理科本科用），在全国首次提出了统一的教学目标和要求。《大学英语教学大纲》（修订本）的制定也是我国大学英语教学史上的第二次重大改革。此时颁布的教学大纲不再分文、理科，而是合并成一份，虽然强调用英语交流的能力、提高文化素养，但并没有出现质的突破。该阶段的教材编写也取得了巨大的进步，但由于当时多媒体网络教学尚处于起步阶段，经验及技术不成熟，该时期的多媒体光盘存在很多局限性，缺乏互动功能。为了迅速推进高等教育的改革，教育部于1998年12月提出了《面向21世纪教育振兴行动计划》，其中明确指出了实施"现代远程教育工程"，构建终身学习体系。全国大学英语考试委员会在1999年开始实行大学英语四、六级口语考试，这被认为是这一阶段最具意义的改革成果。

（四）飞速发展阶段

深化改革阶段进入21世纪，为适应我国高校教育发展的新形势，满足新时期国家和社会对人才培养的需求，2007年7月，教育部高教司颁布了《大学英语课程教学要求》（以下简称《要求》），旨在促进学生英语综合应用能力、自主学习策略与综合文化素养的培养。在《要求》的指引下，开发和建设各种基于计算机和网络的课程成为该阶段大学英语教学的重中之重。相关部门相继推出了《新时代交互英语》《新视野大学英语》《新体验大学英语》《新理念大学英语》和《新标准大学英语》几本获得好评的教材。其中，外研版《新视野大学英语》和《新标准大学英语》在全国率先将计算机网络技术系统地引入大学英语教学，探索并引导了大学英语教学模式的改革。校园网、自主学习中心、网络学习平台、听说读写训练软件等网络环境下的教学新模式如雨后春笋般涌现。全国各高校进行了轰轰烈烈的"计算机技术＋课堂教学"的大学英语教学改革，把培养学生的综合能力，特别是听说能力放在首位，对推动大学英语教学改革起到了非常大的作用。2010年以后，中国在国际事务中扮演着越来越重要的角色，国家对人才的需求也在不断提升。要建设一个信息化的科技强国，需要高校培养集创新型、技术型于一体的国际化人才，因此大学英语教学面临着新的压力和挑战。在国家政策要求和时代背景的召唤下，2017年2月，教育部高教司颁布了《大学英语课程指南》（以下简称《指南》）。《指南》第一次将专门用途英语和跨文化交际课程列为大学英语课程，旨在提升学生的职业素养和跨文化交际能力。经过21世纪第一个十年的实践，重视听说教学的理念已根植于广大师生心中，变成了一种自觉的教学行为，教学目标因此由《要求》中强调的"听说能力"的培养转变为"应用能力"的培养。目前，大学英语教学在教学模式、教学手段方面既传承了《要求》的思想，又对其进行了创新，如课堂模式由网络＋课堂的模式发展成为基于课堂和在线课程的翻转课堂等混合式教学模式，教学手段也发展成为移动英语学习平台的构建，更强调英语学习的自主性、移动性、随时性等特点。课程设置、教学评估也更为具体、明确。《指南》的颁布标志着大学英语教学进入了一个崭新的发展时期，有了质的飞跃。

二、现阶段高校教育英语教育发展中存在的问题

（一）教育观念滞后，跨文化交际能力不足

探讨完善的教学改革措施是大学英语教学的一项重要任务，只是大学英语教学观念比较落后，没有及时更新，还是停留在过去。教师作为教学主体，他们将课堂上的大部分时间都用在课文讲解和课后练习上。因此，学生始终是被动接受，甚至也没有时间去思考。即使学生有机会对课堂活动进行合理安排，仍要由英语教师严格地控制参与者、话题内容和时间等。有一部分教师甚至还会认为学生没有必要参加这种浪费时间的课堂活动，所以没有机会实现师生互动，也很难使学生的英语交际能力得到训练。英语教师在教学中将重点放在了语法知识、词汇和句型的讲解上，完全忽视了英语口语及对其活学活用。因此，学生的写作能力、阅读能力可能会比较强，但是听、说能力还有不足。由此表明，英语教师遵循的教学观念比较传统，而现代教学理念不强，并且对现代语言学习的特点及教育思想没有真正理解，其必将导致大学英语教学的效果受到严重影响，这与社会的发

展需要是不符的。

大学英语教学应该帮助学生了解西方文明、思维方式、生活习惯，以批判性的眼光看待西方文化及核心价值，熟悉中西方文化差异，培养跨文化交际能力。

（二）教育教学缺乏创新

我国大学英语教学"费时低效"似乎已成痼疾，英语教育与英语教学相脱节，英语教师的教学方法与教学理念相排斥。许多高校英语教师仍然固守传统教学模式与教学手段，在教学理念、理论研究方面没有做到与时俱进，导致应试倾向明显、教材内容缺乏创新等。

（三）英语学科素养有待提升

教育部纲领性文件《大学英语教学指南》的制定和诞生正是我国大学英语面临着学分大规模压缩的危机和国家"双一流"建设挑战的关键时期。针对如何化解这一危机，迎接这一挑战，蔡基刚（2017）提出了与《大学英语教学指南》有所不同的八项教学理念，并特别指出："大学英语教学要培养学生质疑的思辨能力和严谨的科学能力。"这是否可以成为解决当前大学英语教学存在"低效"问题的"灵丹妙药"，仍然需要时间给出答案。

（四）课程单一，缺少较强的应用性

结合学生的英语基础及跨文化交际的实际需求，高校在设置课程时应包括两方面的课程，即英语必修课和英语选修课。目前，有的高校没有明确制定大学英语课程目标，而且学生对英语的学习主要是集中在大一和大二阶段，目的是应对英语等级考试。可供选择的英语选修课程并不多，而且也没有较广的覆盖面，采取的也是单一的授课方式，学生的学习积极性难以被调动起来。到了大三之后，英语课程就停止开设，所以多数学生毕业前还不能用英语熟练交流，只是手里有证书而已。在全球经济一体化的推动下，企业在招聘员工时往往对其有更高的英语方面的要求。如果大学生只有证却不能开口，就会阻碍其今后的就业和发展。

三、现阶段高等教育英语教育理念的发展

（一）现代教育观到后现代教育观的转向

随着具备开放、共享、交互、协作四大特征的信息化时代的到来，教育的价值取向和发展路径发生了根本性的转变，知识信息化、信息技术化、技术工具化、

工具智能化已然是不可逆转的发展方向,由此知识化生存转向信息化生存和智慧化生存,同时带来四个方面的变化。

1. 知识权威性的弱化

大学英语教师基于自身体验和广博阅读而获取的有关英语语言与文化知识,在信息化时代已经无法筑起权威的堡垒。挑战与质疑知识权威,在当今大学校园已然司空见惯,大学生更习惯借助网络引擎搜索了解知识、求证真伪,而不是向教师求教。世界是多元的,时代呼唤批判性思维和多面思维,"质疑教师的观点",曾经被视为离经叛道之举,而今却屡受追捧。具备分析与比较、抽象与概括、批判与创新能力,是这个时代对大学生思维品质这一核心素养的基本要求。

2. 经验间接性的强化

大学英语教师通常承担大量的"重复课",也就是教授不同班级相同的大学英语课程,对教材烂熟于心,教学经验也极其丰富,在20世纪末及21世纪初,经验越丰富的大学英语教师越受追捧,但是随着信息时代的来临,以往需要依靠时间积累的经验可以通过网络间接获取,经验可以分享和共享,别人的经验可以间接成为自己的经验,以往需要依靠身体力行亲身体验的实践过程借助虚拟现实技术可以足不出户轻松完成。

3. 学生自主性的提升

不管是在即时且丰富的英语语言环境下的"静态"网络自主学习,还是在实时或非实时的开放式交流环境下的"动态"网络自主学习,也不管是借助PC端的网络平台还是使用移动端的App开展自主学习活动,当今时代的大学生都能应用自如。

4. 学习生态圈的重构

由于信息化时代的冲击与挑战,现代教育观到后现代教育的转向悄然到来,也促进了大学英语学习生态圈的重构,网络社会互助共享式学习已是大势所趋。

(二)基础范式到内容范式教学观的转向

基础范式到内容范式教学观的转向是一个颇具挑战性和颠覆性的选择,这一转向将呈现如下特征。

(1)抛弃了纯技能的语言训练方法。实现从"语言"教学到"意义"教学的转变,从形式教学转向功能教学,从技能教学转向内容教学,从单一学科支持转向多学科支持。

(2)抛弃了传统的语言唯一标准。在CBI教学理念的影响下,传统单一的学习内容、以"内容为辅、语言为主"的教材编排形式都将被颠覆，实现知识体系和语言技能并行，学科知识与语言教学融合。

（3）确立了多元的教学内容与形式。培养学生的自主学习能力、沟通协作能力、国际学术交流能力、文献搜索与阅读能力、写作与演讲表达能力等将成为大学英语教学的终极目标。

（三）英语综合技能到核心学习力培养目标的转向

大学的使命在于培养学生的独立思考能力（批判性思维能力）和自由创新能力。当今，大学教育过分强调与市场经济接轨，过分注重工具理性，价值理性被严重低估与忽视，在经世致用思维和实用主义思潮的冲击下，人被"物化"似乎已是不争的事实。

大学英语教学从培养学生英语综合技能转向培养核心学习力，重视全人教育，旨在解决英语教学工具性与人文性失衡的问题，实现教育目标对教学目标的替代。随着我国"一带一路"倡议持续深入，国际交往日趋频繁，国际影响不断增强，参与全球治理能力不断提高，培养大学生的英语阅读、思考、表达这三大核心学习力已然是大势所趋。

四、高等教育英语教学发展的创新途径

（一）科学制定具有校本特色的大学英语教学目标

不再以四、六级考试通过率为目标，回归大学英语教学本身，以习近平总书记关于教育重要论述为根本指引，以学校事业发展目标为关键依据，在指南框架内，科学制定服务国家、社会、学校、学科和个人发展需要的具有校本特色的大学英语教学目标。目标既要体现校本特色，也要体现学科特色，主动为"四新"建设服务。不仅要以学生起点水平为依据，也要以终极发展为依据制定分级教学目标。

（二）改革大学英语教学模式

改革大学英语教学模式是有效应对学时减少和要求提高的必然选择。无论采用哪种教学形式，都要发挥学生的主观能动性。基于外语教学的POA理念，做到以下几点：

第一，合理设计课前、课中、课后教学目标，充分指导学生自主学习，充分

发挥课中的关键性引导作用，坚持理论与实践相结合；

第二，充分利用各类教学资源，包括深挖教材育人元素、各类在线资源和自建特色资源等；

第三，制定全程性非标准化考核体系；

第四，以现代教学理念、学习策略指导学生学习，提高自主学习成效；

第五，充分利用信息教学平台，加强学习过程和学习效果管理，持续改进教学；

第六，构建师生学习共同体，如构建班级微信群或 QQ 群，适时发布信息，实时解决问题，做到沟通不断线。

（三）加强大学英语课程教学师资队伍建设

教师是实现大学英语教学目标的关键，其语言优势已远远不能满足教学需求，需要加强全方位素养建设，所在单位要给教师提供相关平台、政策和制度等支持。教师个人要有自我提高的内在动力和压力，在信息技术高度发达、教学目标高度综合的时代，教学理念、教学方法、教学管理、教学评价等都发生了深刻变化，需树立起以学生为中心的立德树人理念，加强教学研究和教学改革，不断提高育人能力，推进大学英语教学改革向纵深发展。

第三节　我国职业教育英语教育教学的发展

一、我国高职教育英语教育发展的"黄金时期"

2019 年，国家正式确认职业教育的教育类型，教育部职业教育与成人教育司委托教育部职业教育中心研究所组织制定新课标。因此，2009—2019 年期间是高职英语教育史上一个非常特别的时间段，高职英语教育取得了非凡的成就。

（一）职业教育的总体发展对英语教育的带动

当前，我国经济发展平稳，质量取得大幅提升，步入新常态发展时期。稳步发展的经济需要高素质的技术技能型人才。随着"一带一路"倡议和"互联网+""中国制造 2025"等国家战略的提出，如何培养高素质技术技能型人才成为职业教育持续关注的问题。为此，国家出台了一系列的政策和支持措施，奠定了现代职业教育体系的基本框架，促进了职业教育的内涵发展，中国的职业教育已跨入黄金发展阶段。

英语是高职教育一门重要的基础课,职业教育的总体发展不可避免地带动了高职英语教育的发展。职教理念首先反映到《基本要求》的制定上,该文件首次提出行业英语的课程设置;高职英语教师还从职业教育理念出发,探索出就业导向、能力本位和工学结合的公共英语课程,以及基于职业典型岗位、职业核心素养的教学模式。其次,职业教育的蓬勃发展吸引了部分博士入职高职院校,高职英语教师的学历、职称结构得以大幅改善,"国培"项目等加强了在职教师的培训,教学名师、教学团队、教学成果奖的评比等带动了高职英语师资队伍的总体发展。最后,基础英语+行业英语的课程体系带来了教材出版的革命性变化,各出版社纷纷按此思路出版了新的教材;国家精品课程、国家精品在线开放课程的建设不但为高职英语课程建设树立了标杆,也促进了高职英语课程和高职英语教师的信息化水平的提升;国家及各级政府对高职院校的投入也整体改善了高职院校的硬件水平(如多媒体设备),改善了高职公英教育的教学条件和语言环境。

(二)专业教学指导委员会的组建及对英语教育的推动

第一届教育部高等学校高职高专英语类专业教学指导委员会(2012年更名为"教育部职业院校外语类专业教学指导委员会",以下简称"教指委")于2005年底成立。2008年,教指委成立了公共英语等5个分委员会,设公共英语委员22名。2012年12月,教育部成立第二届(外语)教指委,次年2月教指委在厦门成立了高职英语等9个分委员会,其中高职英语分委员会共设62名委员。2017年7月,教育部成立第三届(外语)教指委,同年11月教指委在山东泰安召开第一次全体会议。在这次会议上,共成立了公共英语委员会等7个分委员会,其中公共英语分委员会共有来自全国各地的73名委员。教指委作为教育部领导的一个专家组织,本着"研究、咨询、指导、评估、服务"的宗旨,发挥了对高职外语教学改革与建设的指导作用。

(三)教育企业、考试机构对高职英语教育发展的推进

部分教育企业(包括出版社)为使自己的产品适销对路,积极和教指委及高职院校合作,实力强的企业还会自行研发,对职业教育的发展做出研判以开发出超前的产品。2009年外语教学与研究出版社与深圳职业技术学院合作,以该校的"职业外语教学改革"为依托,联合国内十余所院校开发出版了《新职业英语》系列教材,首开高职英语教学"基础+行业"课程设置的先河。此后,其他出版社陆续跟进，高职英语教材基本完成了从原来纯语言到"基础+行业"的结构转型。这些教材的陆续出版反过来又强化了高职英语"基础+行业"的课程设置，推动了全国高职英语教学课程设置的转型。社会化考试对高职公英教学具有一定的反拨作用。另外，各种高等学校英语应用能力考试增多。有些考试是在传统的语言知识测试之上增加应用和职业的模块，有的则完全以职场环境下的应用沟通能力为测试目标，这些变化顺应了高职公英教学理念的变化，也在实践中强化并促进了这些理念在日常教学和学习中的落地。

（四）优质高职院校对高职英语教育发展的推进

各高职院校是高职英语教学最重要的主体，是国家职教政策及外语教育政策的落实者，部分高职院校还对全国高职英语教学改革起到了示范作用，深圳职业技术学院是这些勇于改革院校的典型代表之一。根据高职英语教学在当时存在的主要问题，深圳职业技术学院于2008年启动了"职业外语教学改革"。在课程设置方面，根据学生未来职业生涯发展的逻辑规律，将课程体系划分为职场英语、行业英语和专业英语3个基本阶段，并辅以素质英语的选修课。在师资队伍建设方面，将教师分成不同的行业并相对固定，相关教师在编写教材时充分调研相关行业的职业标准，并通过专业课教师调研对应行业的工作流程，教师在固定教授某个行业英语的过程中也不断积累自己的行业知识，在比较短的时间内大幅提高专业知识素养，并通过与专业课教师建立比较稳定的联系，组建了灵活的"双师结构"教学团队。此外，还建立了立体化、全方位的校园英语语言环境，包括英语角、英语报纸、英语广播、英语演讲比赛等、英语写作比赛。在评估体系建设方面，从过去的以终结性评价为主转变为以形成性评价为主，引导学生关注英语学习过程，关注英语的应用和与职业的关联。

二、高职院校英语教育教学的特点及发展现状

作为教育的重要组成部分，英语教学对学生的职业能力有很大的影响。为了适应当前的社会经济环境，当代高职英语的教学模式大多是英语教学与职业技能教学的结合。这种教育发展模式是高职院校提高学生理论知识与实际应用能力的重要手段。职业技能教育的目的是提高学生的职业、专业技能，尽力为社会培养高质量的复合人才。

（一）高职院校英语教育的特点

1. 高职教育的针对性

高职院校与本科院校的不同之处在于它更加具有针对性。高职院校所具备的针对性要求其在英语教学上要有较为明确的教学方向划分，学生可以对自己的英语学习方向进行选择。例如，高职院校在开展金融英语、旅游英语、餐饮服务或机械英语等课程时，应将提高学生的英语实际应用能力视作教学目标，让学生能够在自己的专业领域进行深入探究。

2. 高职教育的实践性

实践是检验真理的唯一标准。高职院校在开展课程教学时应将理论知识与实践操作相结合。高职英语教师在进行教学时，不仅要重视阅读与听力教学，还应重视培养学生的语言表达能力和写作能力。高职院校许多课程的专业性较强，高职学生只有掌握大量的专业英语词汇和术语，才能提高自己在社会上的就业竞争力。高职英语教师可以尝试对学生提出更严格的要求，让他们通过专业术语交流提升自身的英语素养与语感。

（二）高职院校英语教育教学的现状

1. 教学模式相对落后

自进入 21 世纪以来，我国的教育改革就在如火如荼地进行着。但就目前来看，我国许多高职院校的教学模式和教学内容还相对落后，对于学生英语能力的考核标准还停留在卷面成绩上，对于学生的口语交际能力和专业技能的结合培养还是不够充足。高职英语教师将英语知识与职业技能教学相结合能够有效提升人才培养的灵活性与协调性，从而为社会培养出优秀的英语人才，使学生能够更加适应现代市场的需求。但目前，大多数高职院校使用的传统教学模式并不能充分实现两者的有效结合，无法满足当前经济社会的人才需求。

2. 高职院校学生的实践机会不足

当前，许多高职院校在教育投资、学校影响力等方面存在不足，这些条件限制了高职学生就业发展的机会与选择。从英语教学条件上来看，许多高职院校没有建立语音室，这给学生的英语学习造成了阻碍，导致学生的英语水平整体不高，英语对于专业技能的促进和辅助作用就更加不明显。另外，高职院校通常缺乏与知名企业合作的机会，学生进入企业学习实践的机会较少，这也给英语教学改革带来了困难。

3. 缺乏优秀的师资力量

优质师资力量是推动职业教育发展的主要驱动力。高校之间的竞争，归根到底是人才的竞争，建设一支优秀的教师队伍是办好学校的关键。而要建设一支一流的育人队伍，高校管理层就要从宏观和微观上，弄清楚师资队伍建设面临的问题，厘清解决这些问题的思路和应采取的对策。高质量的教师团队才能使得高职院校的英语质量得到不断提高，这也需要教师加强自身学习。然而，我国高职院校师资力量仍然较为薄弱。有的教师在学历上有欠缺，有的是教学经验不足，尤其是缺乏将英语教育与职业技能教育相结合的教学经验。因此，高职院校若想要提高英语教学质量，就要对高职院校英语教师提出更高的要求。高职英语教师只有具备扎实的英语基础，精通专业知识，才能给学生提供更高质量的教学。

三、现阶段高职英语教育教学与职业教育的融合

（一）英语教育与学科专业融合的必要性

1. 国家教育政策指引和导向

《国家中长期教育改革和发展规划纲要（2010—2020年）》明确指出："要培养大批具有国际视野、通晓国际规则、能够参与国际事务和国际竞争的国际化人才。"其中，国际化人才的培养，不仅要使其具有专门学科背景知识，同时需要借助英语这门国际化通用语言，培养其开阔的国际视野，帮助其了解繁杂的国际规则，进而才能够保障其有效地参与国际事务和国际竞争。因此，在高等教育的专业人才培养体系中融入英语教学成为国家教育政策的题中之义。无独有偶，《高职高专教育英语课程教学基本要求》进一步指出"英语课程要特别注重培养学生使用英语处理日常和涉外业务活动的能力"，其中"涉外业务活动"需要学生在涉外的语言环境下开展业务活动，这要求学生的英语素养和业务技能有机融合。基于这种共识，打破公共英语与学科专业之间的壁垒，"跨学科融合"的整合式教学体系开始被引入高职英语课堂。

2. 英语单学科教学改革的弊端

目前，国内高职院校的公共英语教学改革仅在英语单学科体系内部探索，忽视了公共英语课与其他学科专业之间的关联。英语单一学科体系内的教学改革仍然停留于听、说、读、写、译的学习模式和教学方法创新。英语课堂的教学内容缺乏专业学科内容的支撑，因此教学内容较为空洞，脱离学生真实的学习语境，不利于学生高阶批判思维能力和处理复杂问题能力的培养。高职公共英语教学自

成一体，偏重英语语言本身的技能训练，忽视英语在专业课程学习中的工具和媒介功能。由此带来公共英语教学未能与学生专业技能向纵深发展形成合力，在高职人才培养体系中，公共英语课程未能实现教学效果附加值的最大化和外显化。这种把英语知识以"独立包装"的形式教给学生的语言"孤岛"式教学，是单边思维在教学设计中的映射，也是一种传统英语教学视角的固化。传统英语教学把英语当作唯一的学习内容和学习目标，割裂英语学习与科目学习的内在关联，将英语学习独立于科目知识学习视域之外。纵观国内高职院校的英语教学改革，公共英语课与学科专业课程割裂的现状未能得到有效改进，由此培养出来的学生仍可能缺乏运用多学科知识解决未来真实情境中复杂问题的综合职业能力。

（二）英语教育与学科技能融合的策略

1. 设置双语课堂

高职院校的教学目标可简单概括为"学以致用，德优技高"，具体是指学生能够将学习到的基础知识进行灵活应用。当前，大多数高职学生认为学习英语较为枯燥，学习积极性较低。双语课堂能够充分发挥英语教学与职业技能教学的优点。在二者融合的过程中，高职英语教师将专业的英语单词及术语等代入专业技能课堂，给学生营造良好的学习环境，能够使学生在学习专业技能的同时巩固英语知识。另外，双语教学课堂能够让学生在学习自己专业领域知识的同时，收获学习英语的成就感，激发其学习兴趣，从而在思想上改变学生的学习观念，为学生的发展提供更多的支撑。由此可见，双语课堂的实施是实现高职英语教育与职业技能教育有效融合的重要途径之一。

2. 健全考核制度

教育的过程固然重要，结果的验收也必不可少。教师对于学生学习成果的验收能够促进学生更加积极地进行学习。由于学生的英语学习基础不一样，教师需要根据学生的英语整体水平和专业英语知识水平来进行具体考核。教师在制定考核标准时，可以将专业技能知识和英语基础知识的考核相结合，以此提高学生的学习成绩，让学生能够更加积极主动地学习。教师必须及时更新考核制度，可以采取以小组为单位的考核方法，安排学生用英语互相交流，培养学生在日常生活中使用英语沟通交流的习惯。这种方式不仅能使学生更加团结，还能促进小组之间的有力竞争，从而形成良好的学习氛围。高职院校拥有一套健全的考核制度是十分重要且必要的，它一方面能更好地展示院校的教学成果，另一方面能够改善整个学校的学习氛围，培养学生养成良好的学习习惯。

3. 加强教师专业性培训

为高职院校的教师提供更多的培训会使高职英语教学更具专业性，大部分高职院校的英语教师毕业于英语专业院校，对于高职院校学生所学习的专业知识并不了解，难以将英语知识熟练运用于专业知识技能的教学上，这给英语教育与职业技能的融合带来了很大的阻碍。为了适应新时代人才培养的要求，教师必须让自己的教学理念和教学方式适应时代的发展。高职英语教师必须适应高职院校的教学特点，不断增强自身的知识与专业技能。教师培训是改善、提升教学质量的关键一步。高职院校必须定期开展教师培训，积极与其他高校联系，鼓励教师利用周末、假期时间到其他院校进行学习与交流。

4. 加强高职院校的校企合作

《国务院关于大力发展职业教育的决定》明确指出，各高校应大力推进工学结合、校企结合的培养模式。这说明校企合作是学生检验专业技能学习成果、尝试与社会接轨的重要途径。由于地域或经济等原因的限制，高职院校在校企合作方面并不具备优势，缺乏合适的企业资源。这就需要校方多与企业谈合作，为学生争取学习、实践及就业的机会。多元化的校企合作能扩大学生的就业知识面，让学生获得更多的就业机会。校企合作是职业教育发展的必由之路，是中国职业教育发展的必然趋势。因此，高职院校和企业双方应达成共识，共同为社会培养出更多能够适应市场经济的人才。

第二章　英语学科教育与核心素养

本章针对英语学科教育与核心素养展开论述，围绕四个方面进行阐释，依次为英语学科核心素养的内涵、基于核心素养的英语课程目标与内容、基于核心素养的英语学业质量标准、基于核心素养的英语课堂教学。

第一节　英语学科核心素养的内涵

社会市场经济的蓬勃发展对人才的整体素质、综合能力、认知水平的要求日渐提升。在此背景下，核心素养得到了兴起和发展。世界各国不断从教育层面出发，将培养目标与核心素养有机地结合起来，以此提升学生的素质和能力。2016年末，我国教育部通过颁布《学生发展核心素养》的方式，依次从六大素养、三大层次展开说明，并要求各学科结合自身的特征和特点，构建出与之相对应的核心素养。而英语核心素养是涵盖英语文化素养、学习能力、应用能力的综合素养，能够使英语教育更契合时代发展的基本诉求，推动学生的全面发展。

一、大学生核心素养的概念与原则

（一）核心素养的提出

自经济合作与发展组织（OECD）于1997年首次提出核心素养理念，各国都在研究和建构核心素养模型。我国于2014年首次提出核心素养理念，并推进以核心素养为目标的基础教育课程改革。OECD与美国、澳大利亚等国的核心素养建构框架之后指出，从全球范围可以看到核心素养的要素选取均反映了社会经济与科技信息发展的最新要求，强调创新与创造力、信息素养、国际视野、沟通与交流、团队合作、社会参与（责任）及社会贡献、自我规划与管理等素养。表述虽不尽相同，但都指向一些共同的素养，也都是为了适应21世纪的挑战。而对学生创新能力、批判性思维能力、沟通与合作的能力及社会责任等素养的培养也正是我国基础教育面临的任务和挑战。

(二)核心素养的概念

核心素养是党的教育政策不可或缺的一部分,是将宏观教育理念、目标、培训和具体教育与教学联系起来的中间环节。核心素养指可以将党的教育政策转变为实际的教学内容在教育和教学实践中使用,并且容易被理解,由此形成学生应具备的基本素养。

(三)核心素养的基本原则

1. 系统性和一致性的原则

培养大学生发展的核心素养是一项长期的综合性教育任务,是教育和培养目标的实现。教育系统各个子系统之间的交互和协调是实现教育整体和个人社会功能的保证。培养大学生的核心素养必须坚持系统性和一致性的原则。在外部环境方面,建立家庭、学校和社会相互促进、和谐发展的生态教育体系和良好的社会环境,培养学生的核心素养。在教育过程中,课程改革和教学改革的系统性和连贯性为大学生发展核心素养提供了一个有机统一的培养平台,这是培养的前提。

2. 同步性原则

大学生是生活在复杂社会中的特殊社会群体。大学生发展的不确定性决定了他们是高度可塑的集群。大学生成长成才在很大程度上受到来自外部环境如家庭、学校和社会的影响。个人成长受个人与相关环境共同作用的影响。培养大学生的核心素养需要环境的指导和支持。因此,提高父母、教师和社会的素养将极大地促进大学生核心素养的发展,同时产生大学生和社会同步发展的趋势。

3. 个体性与共同性统一原则

人的存在具有双重特征,即作为种族存在和作为具体个体存在。这是形成个体完全发展的基础。核心素养的培养是多样化的,是各种方式相互联系、共同发挥作用的。大学生核心素养的发展具有不同的基础,需要将其整合到核心知识中。同时,发展大学生的核心素养需要拥有个体性,在培养大学生核心素养的过程中,教师需要考虑学生基本素养培养的异同。

二、大学生英语核心素养的构成

21世纪的大学生必须具有终身学习和自学能力的意识,学习能力对所有专业都是必不可少的。学习掌握英语的能力不仅限于学习方法和策略,而且还包括对英语特定的语言能力、文化意识、思维品质和学习能力。

英语核心素养(图2-1-1)主要指综合培养学生文化、思维、学习及语言能力的素质教育。

首先语言能力主要指借助语言进行英语表达和信息传达的能力，是英语核心素养的关键和重点。

其次是文化品格。具体指理解及对比目的语国家的文化、理念及思维方式，并在文化对比中形成独一无二的文化立场的能力。

再次是思维能力。英语核心素养中的思维能力除表达能力与理解能力外，还有重构和联通英语知识的能力，可以帮助学生从多个层面、多个角度解决和分析问题。

最后是学习能力。在现代教育理念中，英语核心素养的学习能力通常指终身学习与自主学习的能力，可以帮助学生通过正确的英语学习策略或方法，提升英语学习效果，使英语学习变得更加轻松、容易。

因此可以说，英语核心素养是涉及学生语言学习、知识理解、文化融合、自我评估的重要素质，是现代英语教育得以发展的关键和抓手。其中，思维品质是区别于汉语思维的认知思维，是推动学生语言发展的新能力，能够切实培养学生的多元化思维和个性化发展，使英语教育与社会实际有机地契合起来。并从逻辑性、创新性、批判性等思维品质的角度出发，要求大学生对文化与语言中的现象进行辨析分类、概括，最终形成全新的英语知识体系，并对各种复杂抽象的思维观点进行准确的判断，合理地表达自己的观点。所以，英语核心素养中的思维品质是人才服务社会的根基和关键，同时也是英语教育"社会属性"的重要表征。

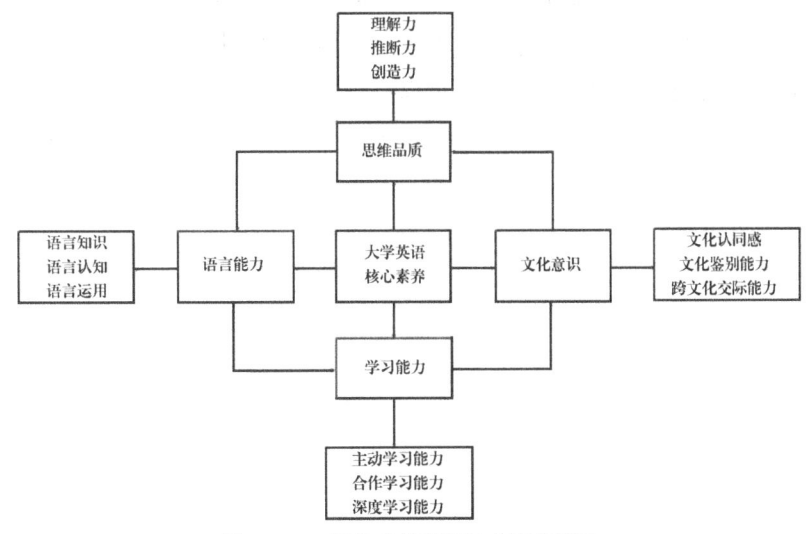

图 2-1-1　高校大学英语核心素养模型

三、大学生英语核心素养培养中的困境

（一）核心素养的培养观念的局限性

核心素养主要包括文化、思维、学习及语言等能力的培养。但由于应试教育的影响和制约，英语核心素养培养依旧局限在学习和语言能力等能力的培养上。而在思维品质与跨文化能力培养上，则缺乏足够的重视力度。其原因可归纳为以下几个方面。首先是现代评价机制，其是文化品格与思维品质培养效果难以得到切实提升的重要影响因素。而语言能力与学习能力可以切合现代评价机制的要求。其次，文化品格与思维品质的培养方法、路径及体系相对模糊，大学英语教师难以从社会服务、智力发展、知识构建等目标上，综合培养学生的文化能力和思维能力。此外，英语核心素养与跨学科、合作式及联通式等教育方式存在紧密的联系，可以为学生实现个人的理想信念、服务社会发展，提升协商能力、决策能力及批判能力奠定基础的综合素质。但英语教师在素质培养中却忽视了核心素养的社会属性，使核心素养培养的目标过于狭隘化，进而难以提升英语核心素养培养的质量与效率。

（二）大学英语的教学方法的落后和单一

英语理论教育是综合培养学生语言能力与学习能力的平台和抓手，也是培养学生文化品格与思维品质的重要手段。但英语理论教育中的传统、落后、刻板、单一的教学方式和方法，却难以将英语核心素养与理论知识传授充分地整合起来，导致核心素养培养的质量与效率不尽如人意。而在现代技术应用中，教师虽然能够借助信息科技创新教学方法，但却难以将现代科技与核心素养培养进行有效的结合与衔接（偏离性），难以通过理性评价和全面分析，帮助学生感受英语理论教学中的政治、人文、历史、文化等现象。因此，理论教育方法的滞后性与偏离性，是影响学生英语核心素养提升的重要因素。而要想解决该问题，就需要将核心素养培养与英语教学目标有机地结合起来，使教师能够明确英语核心素养培养与学科教育的内在联系，进而有依据、有把握、有方向地创新或建构出新的教学方法。

（三）大学英语的师资队伍建设欠缺

师资队伍是英语教育得以发展的关键和抓手，是现代教育理念得以推进的重要手段。教师要相切实提升学生的英语核心素养，就需要拥有深厚的知识体系、实践经验及专业技能。然而，根据相关数据调查显示，大学英语教师的综合素质

与核心素养培养标准存在明显的差距，即英语教师自身的核心素养水平相对较差，尤其在学习能力、文化品格与思维品质的层面上，还存在诸多的不足。而在师资队伍建设的过程中，学校也忽视了教师核心素养的地位和作用，普遍将业务能力、专业知识及学科素质作为师资队伍建设的基本依据，进而导致师资队伍与培养目标难以契合、难以融合、难以适应。因此，在核心素养提升的视域下，学校必须构建出一支拥有较强英语核心素养的专业队伍。

（四）大学英语课堂教学模式过于传统

高校英语课堂教学在大学生核心素养培养方面存在的缺陷还表现在具体课堂教学模式上，因为教师过度依赖传统课堂教学手段，很难引起大学生的兴趣，在降低课堂教学效果的同时，也无法培养大学生的核心素养。现阶段，很多高校英语课堂教学依然沿用常规的说教讲解式教学手段，教师在课堂中占据主要地位，学生只能被动接受相关英语知识，缺乏必要的思考和实践，难以实现核心素养的培育。虽然当前也有大量教师能够在课堂中运用多媒体资源，但是这些多媒体资源往往仅是发挥辅助作用，用来引导学生记忆和练习相关英语知识点，没有切实关注大学生需要培养的核心素养，限制了多媒体技术的应用价值。

（五）大学英语缺乏与核心素养相匹配的评价机制

高校英语课堂教学之所以无法形成理想的大学生核心素养培养效果，往往还受到考核评价机制的影响。英语教师往往会按照考核评价要求开展课堂教学活动，而学生同样也会按照考核评价指标进行学习和训练，考核评价机制的指导和影响作用不容忽视。在现阶段高校英语课堂教学中，相应考核评价机制主要采取笔试和口试两种方式，在考核中过度关注学生对于英语知识的掌握，重点考核学生的英语听力、阅读、口语表达及写作能力，考核范围仅仅局限在英语课堂教学本身。如此也就导致相应考核评价忽视了学生核心素养方面的状况，没有积极关注学生的思维品质，这对大学生在英语课堂中培养自身核心素养造成了较大影响。

四、大学生英语核心素养提升策略

结合英语核心素养的定义、内容及内涵，可以切实把握英语核心素养的培养方向和目标，使英语应试教育与素质教育有机地结合起来。但在实际的英语教学中，英语核心素养的培养质量却不尽如人意，难以帮助学生切实提升自身的综合素质与语言能力，使英语教育呈现出局限化、片面化及狭隘化的发展特点，极大地影响到现代教育的落实与推进。

（一）明确英语学科核心素养的政策要求

要求从事英语专业人员要具有良好的综合素质、扎实的英语语言基础理论、基本知识和基本技能，具备较强的英语语言运用能力和跨文化交际能力，具有创新、创业意识，能熟练地运用英语语言专业知识和技能，服务国家与地方社会经济发展，在机关、公司、媒体、中小学或高校等企事业单位从事语言交流、公共交际与管理、语言教学或研究等工作的高素质应用型、创新型英语专业人才。与此同时提升英语学科大学生的核心素养，高校要以国家政策及教育部门所颁布的条例为指导，根据学校自身实际做出统筹安排。许多高校在英语教学时，仍立足于理论知识与口语练习，而忽略了引导学生参加实践活动，忽视了实践活动对学生思维能力、应用能力的提升作用。针对这一现象，高校要更新观念，改进人才培养模式，把市场对人才的要求融入实际教学中。

（二）树立正确的英语核心素养培养观念

首先，应树立以人文本的教育理念，从学生诉求、需求的角度出发，重构教育模态，使英语教育呈现出多元化、多样化的发展特征。为切实提升核心素养的培养质量，矫正应试教育对核心素养培养的影响，学校需要构建出切合核心素养培养的英语评价体系。从学生能力、思维品质、文化品格、学习能力等层面，来综合评价或评估学生。其次，要树立服务社会的教育理念，英语教师应将英语核心素养从学术型人才培养朝应用型人才培养的方向转变，应确定英语核心素养培养的社会价值，并从学生的专业成长、职业发展等角度出发，全面提升大学生的核心素养，使其更适应现代社会的发展诉求。最后，要打破传统思想禁锢、墨守成规、服务成绩的教育理念，形成创新性教育理念，使现代信息资源能够成为英语核心素养培养的抓手。

（三）积极创新大学英语的教学方法

首先，重构英语教学目标，即将英语核心素养培养与传统英语教学目标相融合，使教师能够在教学方法创新与制定的过程中，更契合英语核心素养培养的基本要求。其次，应结合英语核心素养的培养内容、目标及方向，确立相应的教育方法，使大学生更好地提升自身的学习能力、思维能力、文化能力、语言能力。譬如，采用翻转课堂的方式，能够帮助教师将语言能力培养环节置于课堂，将知识传授环节置于课后，使学生的语言表达、理解及应用能力得到有效的提升。最后，利用创新意识，将现代信息技术与英语核心素养培养过程有机地结合起来，帮助学生在潜移默化中提升文化品格、思维品质及学习能力。譬如，利用在线教育模式与任务驱动模式，可以使学生在自主学习的过程中，养成终身学习的理念和习惯，提升自主学习的效果。

（四）构建核心素养培养的师资队伍

由于英语核心素养培养工作离不开规范而高效的师资队伍，因此学校有必要根据英语核心素养培养的要求、目标及内容，组建一支优秀的英语教学队伍。首先，应加强核心素养理论研究工作，帮助教师明确英语核心素养培养的意义和价值，确定不同核心素养培养的方法和路径，进而帮助教师更好地、更有效地明确英语核心素养的培养目标，提高培养质量。其次，应通过教师培训的方式，切实提高教师的英语核心素养，使英语教师在教学过程中，做到游刃有余。构建专门的工作小组进行评价、监督及把控师资队伍的建设与运作情况。通过职能优化、责任划分的方式，使师资队伍更契合英语核心素养的培养要求。此外，还要将国际化视野有机地融入师资队伍建设的过程中，使英语教师能够结合新经济形态、一带一路及经济全球化的发展趋势，更好地教育学生、培养学生。

信息技术的进步引领人类进入了网络时代，民众认知能力、思想观念也随着时代进步而变化，高校也要顺应时代要求，更新教育观念，革新教育模式，将"核心素养"贯穿于学校教育的各个领域、各个环节。在网络化、数字化的环境里，传统教育理念与现实英语人才标准之间出现了"代沟"，作为国际交流的语言工具，新时代背景下的英语教学要顺应形势而做出调整，既要关注知识能力与表达能力，又要关注综合能力与实践经验。尽管全民呼吁素质教育，但一些学校并没有将其落到实处，应试教育仍然游走于各科教育之间。从就业角度来说，分数并不是考核的唯一标准，用人单位更加注重知识的表现。工作的开展虽然需要专业知识作为支撑，但实践能力、合作能力、思维能力等综合性素养也同样重要，这就要求学校为学生创造更多的实践机会，使之能够针对实际不断地对自身进行完善，当学生走上工作岗位时，才能更好地施展自身才华。所以，高校、教师要明确新时代的教育方向，围绕核心素养开展教育活动，创新教学方式。为学生创设更多的实践机会，高校可以联合企业开展培训活动，将就业观念融入教学实际之中，实现教育理念的更新，教师要参与到学生的实践中，不断地引导学生运用语言的能力，引导学生适应身份的转换，让学生的视野得到拓宽，学习深度得到延伸，就业技能得到提升。同时，每年教育部门针对英语教师开展了多种形式的培训活动，教师实现了自身知识领域的拓展，自身知识体系的完善，思维模式也必然发生相应的变化，英语教学的计划更加明晰，人才培养的目标更加明确，用之于教学，既能够提升整体教学效果，又有助于学生提升英语核心素养。教师要积极地了解课改动态，革新固有的教学模式，为学生健康、全面发展创设良好的氛围，让"核心素养"成为日后就业的有力武器。高校教师要努力提升思想认识，积极学习国家教育的新政策，了解国家人才标准，不断地拓宽大学生的知识视野，让大学生理解人才标准的真正含义，从教学角度为其未来就业提供政策指导。

第二节 基于核心素养的英语课程目标与内容

一、基于英语学科核心素养的课程目标

与传统大学课堂教育模式相比，围绕着核心素养的英语课堂教学模式，其主要教学目标的设定应更加关注学生能力的培养，教学中充分肯定学生价值，以培养学生能力为最终目的。教学中除了要强调词汇量、语法、句式等内容，还要关注学生兴趣养成、文化品质塑造及创新能力发展。因此，在设定英语教学目标时，教师除要考虑如上内容外，还要注意教学材料的趣味性、适用性与文化性，要尽量避免选择太过复杂的材料，教师要通过综合分析学生的学习情况，掌握每一位学生的学习特点、个性优势等，从而为教学目标的设定提供参考和依据。在进行教学目标分析时，一旦发现教学内容高于学生能力水平，就应该适当调整教学内容，达到"跳起摘果子"的效果，既有一定挑战性，又在学生的能力范围之内。核心素养理念要求凸显学生在学习中的价值和地位，因此教师要多鼓励学生进行自主学习，通过合理组织实践活动，强化学生分析问题、解决问题的能力，借由生活实例及教学情境，将理论与实践紧密结合，实现学生理论水平与实践能力同时提升的教学目标。

二、基于英语学科核心素养的课程内容

基于核心素养体系下的大学英语教学内容选择，要凸显内容上"生活性、关联性、发展性、文化性"。

（一）课程内容的生活性

英语教学与生活紧密相连，教育的目的就是满足学生未来工作与生活各方面的需求，因此基于核心素养理念的大学英语教学，一定要注重生活化的教学内容，教师要善于从生活中提炼教学素材，借由生活内容，激发学生学习兴趣，强化学生语用能力，强化学生逻辑思维与文化品质。

（二）课程内容间的关联性

核心素养下的英语课堂教学，要注意教学内容的关联性，实现单元与单元之间、课与课之间的联动，教学内容的关联性要贯穿于整个教学活动之中，要基于教学内容的关联，强化学生对知识的理解和掌握，这样学生才能够掌握知识间的联系，并能够借由知识的联系实现知识的迁移，实现语言能力、学习能力等方面素养的提升。

（三）课程内容的动态发展性

在开展生态化教学的过程当中，整体教学任务不仅需要包含对学生听、说、读、写方面的教育，同时还需要结合当前时代的实际发展需求，以及教师多年在一线的教学经验来对教学的内容进行改进，从而更好地适应当前社会的实际发展现状。不同的语言是由不同的文化所产生的，经过历史的沉淀不断地延续。在当前这个快节奏发展的时代下，英语作为各个国家进行交流的工具语言，其发展更是显而易见的。因此，生态化的教学内容还需要遵循当前基本的发展原则。

（四）课程内容的文化性

在英语教学当中，文化的重要性受到了人们的重视。同时，伴随着我国经济的飞速发展，以及与国际接轨的加深，语言当中的差异所导致的问题得到了人们的重视。各种不同的、生活方式、思考内容及节日风俗等都存在着差异，我们只有以更加开放的态度来对待这些差异，才能够让我国得到更好的发展。生态化教学内容的文化性原则正是在这一背景下体现出来的。

第三节　基于核心素养的英语学业质量标准

一、学业质量标准内涵与意义

（一）学业质量标准的概念

学业质量标准主要是用来界定学生经过一段时间教育后应该或者必须达到的基本能力水平和程度要求，是学生核心素养在具体学段、具体学科中的体现，直接反映了学生应达到的学业结果。

一般认为，学业质量标准并不对学习内容做具体规定，而是规定学业质量水平要求。但是，学业质量水平本身也是一个可能有多种理解的概念。学习某些内容的主要目的不是掌握这些内容，而是通过这些内容的学习形成某种能力或素养。英语等语言类学科尤其如此。英语学科的课程内容（学习内容）包含六大要素：主题语境、语篇类型、语言知识、文化知识、语言技能和学习策略。但是，就英语学科而言，学生学习这些课程内容不是为了掌握这些内容，而是为了发展英语学科核心素养。

英语课程内容是发展学生英语学科核心素养的基础。但是，学业质量标准不应该规定学生在这六大课程要素方面的学习（掌握）情况，而应该针对学生通过这些课程内容的学习而形成的英语核心素养水平做规定。促进学生核心素养的发展才是教育的最终目标，也是检验教育质量的关键所在。因此，学业质量标准应该指向核心素养。

（二）学业质量标准提出的意义

学业质量标准既体现了核心素养的水平要求，也结合了课程内容要求，更清晰地反映出"学什么"和"学到什么程度"，在教学实践中可以帮助教师更好地把握教学的深度和广度。同时，学业质量标准中规定了评价当中的表现标准，可以用来考查学生是否达到了规定的要求、教学是否恰当、教学质量是否有保证。此外，学业质量标准有利于考试评价中核心素养的落地。核心素养具有内隐性特征，难以直接观察和测量。欧盟国家核心素养评价的一种思路是将核心素养转换为可观察的外显行为，对核心素养开展评价。而学业质量标准从问题情境、知识技能、思维方式、实践活动等维度进行描述，有利于将核心素养内隐的特征外显化，让核心素养测评从模糊走向清晰，使得学业质量标准真正起到了连接核心素养要求和具体考试评价实施的桥梁作用。

二、大学英语学业质量标准的内容

针对大学英语教学存在的诸多问题，受教育部委托，高等学校大学外语教学指导委员会研究制定了《大学英语教学指南》（以下简称《指南》）。《指南》阐明了大学英语的课程价值，将大学英语教学目标分为基础、提高、发展三个级别，提出了构建涵盖通用英语、专门用途英语和跨文化交际的大学英语课程体系，强调培养英语应用能力，工具性和人文性相结合。"《教学指南》是新时代高校制定校本大学英语教学大纲、建设大学英语课程、实施大学英语评价的依据，对推进教育创新、深化大学英语教学改革、提高教学质量具有重要作用。"近年来，随着高等教育日新月异的发展，有学者提出要对《大学英语教学指南》进行适当修订。如蔡基刚先生提出："（1）新的公共英语教学定位是'培养大学生用英语汲取和交流专业信息的能力，增强专业领域里的英语交际能力与学科思辨能力'；（2）教学要求应该直接对标国家和社会要求，不是'半吊子'的或只能适应社会日常交流的英语能力；（3）以学生的专业学习和工作需求为导向而非以等级能力达标为驱动，为达到新的教学目的和课程内容，应设置三类课程，具体而言，应以内容为依托，在继续夯实大学生语言基础的同时，培养学术素养，学习与专业相关的学术英语。"在进一步明确教学目标、教学要求和课程设置等方面要求的基础上，根据各专业人才培养方案，完善大学英语课程教学大纲、课堂教学、考试等各个环节的教学质量标准，形成完善的教学质量标准体系。

三、现阶段高校英语教学质量的影响因素

（一）教师层面

随着新课标改革的发展推进，教育课程创新成为新课改下强有力的优化举措。然而现阶段，一些高校教师对于英语课程教学模式创新重视程度较弱，不紧跟教育发展的脚步，课堂教学模式单调乏味，难以激发学生对于英语学习的热情及兴趣，学生的课堂积极性不高，英语教学氛围缺乏生气，不利于学生对于英语知识进行更好的理解与掌握，难以建立良好的英语思维模式，对于学生英语学习能力的提升造成了一定的影响。另外，教师的信息技术素养有待提升，对于计算机操作流程不是很熟悉，导致线上教学的时效性大打折扣。最后，由于课堂教学的时

间是有限的，一些教师在进行课堂内容安排时，没有合理分配好线上线下教学时间，混合教学模式处于不平衡发展阶段，不利于学生充分学习英语知识，自身的英语发展得不到更好的完善。

（二）学生层面

在英语教学模式创新背景下，学生在学习时应该充分把握每一种教学方式的优势，不断丰富自身的知识储备，充分发挥个人魅力与价值。混合模式教学坚持以学生为主体的课堂观念，充分调动学生对于学习的主观能动性。然而，一些高校学生的自我约束能力不强，在线教学只能隔着屏幕进行学习，学生的自主学习能力及对于自我行为规范的差异较大，受传统教学模式的影响较深，对于网络课程的知识讲解直观理解能力不强，课堂完成情况的效果不佳，丰富的优质教学资源没能充分发挥出其应用价值，不利于学生对知识的理解与掌握。另外，英语作为一门实践性较强的课程，学生应该充分把握英语学习的核心内容，达到听、说、读、写的课程标准，通过对单词语法等理论知识的稳固学习，学会如何强化自身的英语口语表达能力，加强对于英语实践的研究与探索，促进学生在英语学习方面取得良好的成效。

（三）教学评价层面

大学教育阶段的教学评价更加讲求实践性和综合性。另外，基于混合式教学模式本身在组织实施过程中可能遇到的问题和需要运用的元素的变化性特征，在针对这一教学模式的实际应用效果进行评价时，也存在一定的难度。从现阶段的实际情况来看，虽然进入了大学教育这一高等教育阶段，但对于英语课程教学效果的评价仍然是以学生的学习成绩为主导的。虽然学生的口语表达能力和英语交际运用能力也被纳入了教学评价的范围内，但无论是评价中的分值占比还是评价的方式方法，都有一定的滞后性，并不能客观反映出学生的真实英语学习水平。另外，在课程教学的开展中，对于学生的创新能力培养情况的评价在传统的评价体系中处于缺失状态。这实际上没有发挥出混合教学模式基于英语课程培养大学生创新能力的作用，是大学英语教学评价缺乏全面性的一种典型表现。

四、基于核心素养提升英语学业质量标准的方法

学校教育从"知识本位"向"素养本位"转型，是世界教育发展的共同趋势。大学生核心素养培养一直是高校教学的一个重要课题，王蔷认为英语学科核心素

养主要由语言能力、思维品质、文化品格和学习能力四个维度构成。这四个能力的提升也就构成了对大学生学业质量标准的要求。在教学中，四个维度自成一体，相互融合促进，缺一不可。英语学科视角下对学生核心素养四个维度的培养是在将核心素养具体化的基础上对新时代学生提出的新要求与期望，是学科育人的集中体现。基于英语学科核心素养构建，即达到学业质量标准的要求，下面着重从上述四个维度进行探讨。

（一）翻转课堂下输入输出动态交叉增强语言能力

语言能力是指包括听、说、读、写、译在内的语言技能及实际运用能力。语言能力是英语学科核心素养的核心。语言能力的增强对思维能力、学习能力的培养及文化品格的形成有不可或缺的作用。"单纯的语言输入对语言习得是不够的，学习者应该有机会使用语言，语言的输出对语言习得有积极意义"。大学英语课时的不断压缩致使传统的教学模式和教学理念频现"囧"境。传统的课堂注重语言输入，即听、读方面的培养，忽视背记、模仿，不仅会影响学生的语言自信，还会抑制创新思维的发展。

2020年初，全国师生不能如期返校进行正常的教学活动。教育部"停课不停学"的号召，对课堂教学提出挑战的同时也带来机遇——大范围的线上教学开始实施。翻转课堂的作用在此时得到最大限度的凸显——课堂上，教师由灌输者转变为引领者，学生由被动接受者转变为主动参与者。学生语言输入输出比重发生逆转（输出＞输入）。翻转课堂有别于单独的线上课程，除提前录播好的视频教学外（网上已有的世界各高校大规模地开放在线课程，系统性更强），还有直播或者录播（教师对所授课文知识点的归纳总结，更具体化）＋直播（着重于师生互动环节）两种教学方式。英语作为一门语言学科，更注重学生的输出能力，因此在线上教学过程中，大部分英语教师采用的是课程前期课件建设—课前预习及相关话题线下输出反馈—课堂直播翻转及师生互动教学—课后反思反馈的授课流程与模式。学习时间与空间的延长与拓展，使学生可以充分利用"碎片化"时间对所接触的、所学的知识吸收、内化、输出。

（二）挖掘课程内容思政元素，往广度深度提高思维品质

斯大林在《马克思主义与语言学问题》中提出"语言是思维的'物质外壳'，思维是语言的'内核'；语言是思维的工具，思维是在语言材料的基础上产生和发展的；二者互为依存，二者是同时产生的"。人们在思维活动过程中表现出的不同方面的特点及差异，构成思维品质。学生在获得语言和技能的同时，丰富了文化体验，促进了思维活动。现今，有些教学方式在一定程度上存在弊端，如部分教师重视显性知识的传授，忽视或者弱化隐性知识的修炼，使学生因长期受思维定式的影响和束缚，不能透彻把握大学英语与中学英语学习的本质区别，不能完全理解及明白大学英语教育的意义（人文素质教育）。学生思维的广度和深度不够，综合能力、鉴别能力、思维变通能力欠缺，考虑问题缺乏条理性和逻辑性，无法形成由点及面的联想思维及批判思维。这要求教师应秉承"授人以鱼不如授之以渔"的理念，将强制性灌输知识、文化转变为引导学生自主运用语言能力关注文化、习得文化，并能够对所学进行比较、评价、归纳、解释，内化为人文素养。例如，《新视野大学英语（第三版）读写教程2》Unit 8 "Human Rights VS. Animal Rights"，本单元聚焦动物权利，Text A 中的作者以一名致力于研究动物的医生的身份，表达他对动物权利运动的日益不满，并用大量理由为动物研究辩护，包括医药技术的进步得益于动物实验的研究，如果动物研究严格受限，人类因心脏病、高血压等导致的死亡将会司空见惯，人类世界将面临极大的挑战；Text B 从狗的角度出发，采用拟人手法，描述其在遭受主人不公平待遇时经历的痛苦和感受，故事感人，很容易达到共情效果。两篇文章关于动物权利的看法虽针锋相对、各执一词，但说服力强。对于此类有争议性的话题，教师应引导学生在思考话题时，不能片面地站在动物权利保护主义者（如 Text B 作者）或者人权卫士方面（如 Text A 作者）考虑问题，应该学习辩证地看待问题，统筹兼顾，全面深入地进行批判性思维；既要立足于当前，又要着眼于长远，结合实际情况，灵活处理问题，树立正确的世界观与价值观。同时，通过文章 Better protecting wild life good for all 了解我国野生动物保护的现状，将课文内容与思政元素深度融合，培养学生的思维敏捷性。孔子曰："学而不思则罔，思而不学则殆。"第十三届全国人民代表大会常委会第十六次会议表决通过《关于全面禁止非法野生动物交易、革除滥食野生动物陋习、切实保障人民群众生命健康安全的决定》。教师可要求学生就此话题深度思考，并进行拓展性讨论，重新审视与评估人类与动物之间的关系、了解生物多样性的重要性，培养学生的反思与自审能力。例如："What are animal rights？ Can wild animals be abused or eaten？ What ways can be used to protect animals and to achieve harmony between human and animals？"等。

那么具体如何将课程思政融入大学英语的教学设计呢？可以通过以下途径入手。

1. 教学目标

按照《大学英语教学指南（2020版）》《大学英语四级考试大纲》《大学英语六级考试大纲》的要求，选取的教材要充分体现英语课程人文性和工具性的特点，选择富有时代气息、思想深意和文化内涵的教学内容，增进学生对中西方文化的理解，关注学生的人格培养，实现语言能力和综合素质的同步提升。练习活动的设计注重培养语言应用能力和跨文化交流能力，思辨性讨论旨在培养创新思维和批判性思维能力。在仔细研究教学内容的基础上，选择有效的任务载体，即原汁原味的音频材料、文字地道的原版材料、经典恰当的视频剪辑和丰富多彩的交际活动等，培养学生用英语进行口语交际、书面沟通和获取前沿信息的能力。教学内容编排由浅入深，逐步提高学生的英语应用能力。

2. 教学模式

主要采用启发式教学、任务型教学、情景式教学、案例教学、分组合作教学等方法，借助课程平台、数字资源及信息化手段，增强学习趣味性，突出教学重点，化解教学难点，达成教学目标。强化思想政治教育元素和思想政治教育内容、中西语言与文化对比、培养学生的家国情怀和文化自信，以达到课程思政的育人目标，即知识传授、价值引领、能力提升。充分挖掘《新视野大学英语》（外语教学与研究出版社出版，许多高等院校选用，是一套公认的经典教材）的素材，选取与学生世界观、人生观和价值观相关联的教学单元。在原教材基础上适当补充含有思想政治教育元素的外语语料，引入与社会主义核心价值观相关的外文语料。教材外的素材来源包括线上资源：中国日报网、人民网、央视网、学习强国等权威网站的汉英双语视频、文本等；出版物包括《决胜全面建成小康社会夺取新时代中国特色社会主义伟大胜利——在中国共产党第十九次全国代表大会上的报告》《中国文化自信解读》《习近平谈治国理政》等中英文版时政理论书籍，以及古今中外文史哲方面的书籍、最新的各类权威参考资料、中国文化方面的双语教材等。改变传统课堂以阅读为主的教学模式。在以视听说为先导、训练语言能力的同时，引导学生评价、反思，进行辩论。阅读课改变教师"满堂灌"的课文讲解模式，提前布置预习作业，要求学生查找背景资料，结合已经学习的视听说教材的内容，做小组汇报。阅读课以学生为主导，鼓励学生自主探究，自学课文，提出问题，互相解答，教师予以评价，引导学生在自省中体悟文章的中心思想。然后，教师再针对学生没有理解的内容及语言重点、难点进行反复讲解。在翻译课中创设情境，让学生以一名翻译工作者的身份参与翻译活动，由此认识到双语转换的重要意义。写作课结合课文结构和内容安排，主要训练学生的理解感悟能力、思维能力和表达能力。拓展课程安排语法练习和英语文摘选读，选取与课文主题相关的中英文双语资料。

3. 教学活动

在视听说和阅读教学课程中，加强思辨教学。在学习西方文化和社会生活知识时，教师引导学生深入讨论文化形成的多种社会因素，用理性思维和辩证视角审视现象背后的深层原因。思辨促进理解，理解加深认同，思想政治教学要在隐性教学中达到润物细无声的效果。在翻译和写作教学课程中，推行情境教学法和案例教学法。在特定情境中，比如根据导游、商务秘书等岗位的工作需要，教师通过翻译和写作案例呈现教学内容，学生可以通过小组合作、讨论（头脑风暴）等活动完成教学任务。打造第一、二课堂相结合和"线上＋线下"思想政治教育在线课程。在线课程可以是微课形式，以中国文化系列、英语新闻系列等为教学内容，线上自主学习，利用平台灵活的特点促进英语课程思政教学的亲和力、灵活性和易学性。加强"课内＋课外"外语课程思政校园建设。通过多种英语竞赛活动，提高学生的英语综合应用能力，提升人文素养，实现以赛促学、以赛促教。加强英语课程思政"学习＋实践"的教学。开展公益服务活动，如英语戏剧公益演出等，组织英语社团的日常活动。

4. 教学评价

教学评价由过程性考核（50%）和终结性考核（50%）两部分组成。终结性考核指期末的书面考试。重视过程性考核，将学生的课堂展示和课后反思作为重要的评价依据。针对课堂展示，构建多重评价体系，由教师评价（40%）、小组评价（20%）、个人自评（40%）组成。课后反思以书面形式上交，教师从思想内容、遣词造句、篇幅、完成时间等多维度给予评价（以考核标准为依据），力求体现学生的综合素质，并及时反馈给学生，引导学生准确认识自己，正确看待成绩，加强师生之间的交流，促进学生的身心健康发展。

（三）关注语言人文性功能，锻造优良文化品格

文化品格指学生在全球化背景下表现出来的文化意识。文化品格是内化的价值观念，是丰富个人人生价值内涵与提高人文修养的重要内容。文内化为品，外化于行。英语学科核心素养下的求学者在学习过程中要做到信息的高效输入，除具备过硬的语言能力外，还要对中外文化理解、认同及批判性扬弃，并在输出过程中清楚明了地表达及解释。文化品格不仅限于文化理解、跨文化交际意识和能力，还指向全球化背景下的公民素养。中国共产党第十八次全国代表大会首次提

出将"立德树人作为教育的根本任务",在适应时代需求的同时,对教师提出了新的要求,即教师除追求语言的精进、课件的精美、授课内容的与时俱进及学术的发展外,还重视情感上、精神上的分享,力求打造有情怀、有温度的课堂。爱因斯坦说:"优秀的性格和钢铁般的意志比智慧和博学更重要,智力的成就在很大程度上依赖于性格的伟大。"文化是民族生存和发展的重要力量,是决定一个国家是否强大的软实力。要想成为国家未来合格的接班人,只了解本国优秀的文化,懂得内涵是远远不够的,还需要有爱国情操、文化素养、文化品格,合理交融中西文化,不卑不亢。《新视野大学英语(第三版)读写教程4》Unit 6 "Gender Equality",本单元聚焦平等,对于性别平等问题,学生最熟悉的莫过于男女间的平等。学习课文前,教师可通过主题分组讨论,让学生明确,作为未来国家的接班人应牢记,男女平等既是我国的基本国策,又是家庭和谐的基础,要有性别平等的意识,客观思辨地对待性别分工问题,明确未来要承担的责任、义务与担当。随后,通过通读全文,先界定作者的性别——男性。在讲授课文时,应有意识地引导学生跨越语言层面深挖文化内涵,共同探讨作者真正的写作意图——就平等问题应多角度、多元化地看待。从课文中"The men on the television—the news commentators, the lawyers, the doctors, the politicians who levied the taxes and the bosses who gave orders—seemed as remote and unreal to me as the figures in old paintings."可以看出,即使同为男性,也会因为阶级差别、贫富差异导致不平等的人生轨迹,西方如此,中国亦然。但我国针对人人平等、天下大同的意识和文化品格自古至今,始终如一。无论是《礼记·礼运》,还是习近平总书记在十八大闭幕会的讲话(中国人民"共同享有人生出彩的机会,共同享有梦想成真的机会,共同享有同祖国和时代一起成长的进步的机会")无不对"平等"的内涵进行了阐述与界定。当代大学生需关注社会弱势群体,真正、深刻地理解"平等"的内涵,树立正确的人生价值观,充实健全的人格修养。

(四)教学互助修炼学习能力

以英语学科视角为基点培养学生的核心素养,除语言能力、思维品质和文化品格外,学生的学习能力也是衡量教学成效不可或缺的条件之一。学习能力是指进行学习的各种能力和潜力的总和。良好的学习习惯、自律、自我思考思索、积极参与课堂活动应成为每位学生必备的能力。高考无形中强化了学生的自主学习意识,高校类似"放养式"的管理又致使其自主学习意识出现分化,部分求学者自主学习意识明显下降。教师应主动规避传统教育的弊端,更新教学理念与模式,有意识地将学生从身心束缚、气氛压抑、教学包办的专制教育和管制教育中"营救"出来，尽可能满足学生的心理需求，同时深入挖掘教学内容，传播核心素养理念，注重应用实践教学，增强学生的知识应用能力。刘道玉设计的 SSR 创造教育模式［S（Study independently）、S（Seminar）、R（Research）］不失为培养学生自主学习能力的有效措施。翻转课堂、慕课、云平台等的相继出现及融合在一定程度上解除了因英语课时不断缩减导致的课堂拓展知识时限的束缚，为学生的自主学习与发展提供了可能及便利条件。《新视野大学英语（第三版）读写教程 4》Unit 2 "Section A：The Confusing of Pursuit of Beauty" 将关注点放在男性与女性对待外貌美的认知差异上。那么到底何为"美"？仁者见仁，智者见智。不同年龄段的人的认知也会有所不同。教师面对此类贴近生活、来源于生活、能够在很大程度上激发学生学习兴趣的文章时，应有意识地将学习权限交给学生，鼓励其利用网络资源自主学习。因学生个体及自觉性等存在差异，作为引领人的教师可在课前设置相关话题讨论，如 "Is facial appearance really important？ Is the pursuit of appearance exclusive to women？ Should men pursue beauty？" 鼓励学生（Study independently）结合自身或者身边人的经历，或者直接在网上查询相关音视频的资料、上传，以及就此总结出个人观点（形式可多样化：视频录制/语音反馈/书写后的图片拍摄），多渠道地增强学生的听、说、读、写能力，促进知识的拓展和迭代。石本无火，相击方现灵光；水尚无华，相荡方现涟漪。在对学生个人观点有所了解的情况下，教师可根据实际情况将观点相悖的学生分为若干组，进行小组讨论或辩论（Seminar），学生彼此间通过思想的相互"碰撞"和相互激励开发想象力。对讨论中涉及的问题不断廓清、揣摩、思索、体味、顿悟，最终形成独特的看法。最后，教师归纳学生总结并做出相应点评，帮助学生创新思维，树立正确的审美观、价值观，并布置下一步的工作——阅读、思考、调研（Research）。阅读文章（探讨韩国化妆品产业明显趋向"低龄化"现象），思考其产生的原因，团队合作多渠道调研看法，书面或语音形成调研报告，培养学生阅读能力、分析归纳问题能力、表达能力和团队协作能力。

第四节 基于核心素养的英语课堂教学

一、基于核心素养的课堂教学中的问题

大学英语课程作为高校学生的重要必修课程之一，它的地位和重要性显而易见。但是目前的大学英语教学过程还存在着一些问题，影响了学生学习英语的成效。

（一）教学观念与教学方法有待转变

目前，很多高校的英语教师普遍存在的一个问题，就是仍停留在传统的灌输式教学，并没有意识到在教学中融入对学生核心素养的培养，更没有意识到在课堂上占主体地位的应该是学生。很多学生虽然都深知学习英语的重要性，让自己尽可能地在课堂上认真听讲，努力做笔记，但是大部分英语教师的课堂教学方法比较局限，授课的方式也相对比较传统，导致了英语课堂气氛较为沉闷，无法充分调动学生学习英语的主动积极性，提升学生的思维品质，也就容易出现课堂教学质量不高的情况。大多数高校对新媒体技术的了解还处于一个初级阶段，很多高校教师没有将其充分运用于自己的大学英语教学工作中，以至于新媒体在大学英语教学中的作用并没有被充分地发挥出来，这些都是现阶段很多高校面临的亟待解决的问题。

（二）不注重对学生英语应用能力的培养

高等院校开设大学英语课程的目的，并不仅仅是让学生简单地学会一些英语单词、掌握一些英语语法，单纯地应付考试，还应该加强对学生英语应用能力的训练与培养，也就是我们常说的学以致用。但现实中仍存在对学生英语应用能力培养不够重视的情况。

二、核心素养视角下英语教学中的关键要素

（一）阶段侧重

阶段侧重指的是核心素养视角下大学英语课堂教学要根据阶段性特征来开展，明确英语课堂教学的切入点与核心内容，有侧重地培养核心素养，而不是脱离英语课堂教学内容的实际情况追求面面俱到。因此，"阶段侧重"是大学英语

课堂教学核心素养培养的关键要素之一。一方面，英语学科核心素养具有明显的阶段性特征，大学生正处于个体发展的重要阶段，其智力发展水平也体现出了一定的阶段性特征，使得核心素养的培养也需要进行阶段性侧重。另一方面，英语课文自身的特点也决定了核心素养的培养需要有阶段侧重。英语课文中的文化内容、语言结构在学生语言学习中占据着重要地位，不同文本的英语课文存在鲜明的差异性，如故事类文本注重描绘人物细腻的情感，情境类文本注重渲染跌宕起伏的情节发展。不同文本的英语课文侧重于不同的核心素养。

（二）互动促学

英语课堂教学不仅要向学生讲授语言知识，同时也要依据情境、话题等建立互动促学的桥梁，实现教师与学生、学生与作者之间的相互交流和沟通，共同推动英语课堂教学核心素养培养的顺利开展。近些年，互动促学得到了国内外教育界的普遍关注与系统研究。在互动促学中，聆听、协作、交流是其主要的构成要素，依赖于这些要素，英语课堂教学活动才能彻底摆脱以语言学习为主导的机械化教学模式。因此，在大学英语课堂教学中，为了培养学生的核心素养，要根据"互动促学"来开展针对性的英语情境教学，在整个英语教学活动中树立完善的互动观，引导教师积极主动地运用互动促学的理念与方式来实现核心素养的培养目标，积极为大学生创造各种有利的学习条件，确保学生能够与他人、与英语课本、与外界环境进行畅通的互动，借助英语语言来解决各类实际问题，进而促进学生核心素养的切实发展。

三、核心素养视角下英语课堂教学的优化策略

（一）准确认识核心素养，明确教学要求

高校公共英语课堂中大学生核心素养的培养，需要教师转变教学理念，力求在教师准确认识核心素养及其教学要求的基础上，推动公共英语课堂教学进行创新调整，不仅要将大学生核心素养培养作为重要任务，也应该明确核心素养的培养方法和着眼点。基于此，高校公共英语教师应该注重深入研究核心素养的内涵，根据国家相关规范和政策，把握好大学生需要具备的核心素养，进而落实到高校公共英语课堂中，探讨如何在课堂教学过程中予以践行。当然，在核心素养的准确认识中，教师往往还需要具备较强的与时俱进意识，要求准确掌握新时代发展下大学生面临的更高要求，尤其是对于英语翻译能力、口语交际能力及意志品质、

道德修养方面的新要求，并且能够将其落实到高校公共英语课堂教学中，以此体现出更强的学生核心素养培育效果。比如，当前大学生面临新媒体及外来文化冲击，很容易出现一些消极思想和崇洋媚外心理，因此教师需要在公共英语课堂教学中予以纠正，注重恰当引入中国传统美德及文化理念，以此更好地对大学生进行有效的教育引导。

（二）创新课堂教学模式，体现多样性

高校公共英语课堂教学中对于大学生核心素养进行培养，往往还需要改进教学方法和教学手段，以便优化课堂教学效果，保障大学生可以积极参与课堂教学活动，同时也能够体现出核心素养培养价值。从教学方法上讲，要体现学生的主体地位，将传统教学法和交际教学法融合起来，让语言真正融入学生生活。从教学模式的创新应用来看，教师应该注重凸显多样性，能够切实围绕大学生身心发展特点，以及可供选用的新型教学手段，结合公共英语课堂教学内容，选择最为恰当适宜的教学方式。比如，多媒体技术的应用需要体现灵活性，教师不仅需要利用多媒体技术来实现对于相关英语知识的直观呈现，往往还需要重点考虑多媒体应用的互动性，以便促使大学生的参与度更高，在习得相关英语知识的同时，也可以综合锻炼其多项品质，尤其是当前各类网上互动教学资源的应用，更是需要引起教师高度关注。此外，具体到课堂教学，教师往往还需要灵活运用一些针对性教学手段，促使所有大学生都能够被顾及，同时也能够较好地实现对于大学生的差异化培养，促使大学生存在的缺陷和不足能够得到个性化弥补，具备更强核心素养培育实效性。在课堂教学中可以引入分层次教学模式，根据大学生的日常学习成效及行为表现，将其分为不同组别，进而在不同组别内开展相适宜的教育教学活动，更有目的地培养其相应素质和能力。比如，针对学习自主性较差的学生，教师可以将其分为一个小组，然后采取团体干预的方式，在课堂教学中予以恰当引导，以此不断增强这类学生的学习自主性，同时培养其终身学习意识。

（三）基于核心素养进行课堂设计

大学英语课堂教学设计的主要目标是实现核心素养各要素的紧密融合，为英语课堂教学活动的顺利开展提供保障，切实地提高学生核心素养发展水平，引导学生树立正确的价值理念与文化意识。首先，基于学生语言能力进行课堂教学设计。在大学英语课堂教学的引入环节中，普遍以话题引入为主要手段，通过话题的有效引入来引导学生理解与掌握英语语法、英语词汇。因此，在这一环节中，

教师可以利用先进的多媒体技术来及时地解决学生英语口语方面的问题，鼓励学生主动地与他人进行沟通与交流，以此提高自身的英语语言能力。同时，教师也可以借助文字、图像或者视频来建立真实情景，帮助学生直观地体验英语语言所蕴含的文化价值与思维品质。其次，基于学生思维品质与文化意识进行课堂教学设计。基本上每一教学阶段的英语教材都会设置一些难度不同的问题，借助这些问题来激发学生思考。最后，基于学生学习能力进行课堂教学设计。大学英语课堂教学强调学生的自主学习能力，在教师的鼓励下，学生要主动地查找相关资料来深入地了解英语语言知识与文化价值，也要通过有效的阅读方式来快速寻找到文章的核心思想，这样有助于提升学生的综合学习能力。

第三章 英语学科教育与学生思维能力

本章针对英语学科教育与学生思维能力展开论述，围绕三个方面进行阐释，依次为英语学习与学生思维能力发展的关系、英语学科内容促进学生思维能力发展的途径、英语教育教学中促进学生思维能力发展的策略。

第一节 英语学习与学生思维能力发展的关系

一、英语学习与思维能力发展的相互促进

（一）思维能力的提升促进语言能力的发展

英语的感悟需经大量的语言接触逐渐形成，但大量的语言接触未必能够对英语产生深刻的感悟，尤其是教师在课堂上说教式地讲解，强调英语是国际通用语言，英语跟汉语如何不同，等等，都难以真正提高学生的语言意识和英语语感。教师只有在语言实践中激发学生的思维，让他们自己去体验和感悟，认真观察英语结构，才能发现语言特点；认真比较中英文语言的异同，才能建构英语的新概念；认真体验英语在现实生活中的作用，才能感悟到英语语言与社会发展、与个人发展的关系。英语语感和语言意识也由此逐渐形成。

英语的理解是建立在积极的心智活动基础上的。当有声语言出现在耳旁，当文字符号出现在眼前，总会有一些人比另一些人更快、更有效地获取和理解有关信息。除知识方面的原因外，产生这种差异的原因就是人的思维质量不一样。在课堂上，有些教师喜欢机械重复听力材料，以为学生多听几遍就能懂，其实这种做法效率不高。如果教师能从学生的语言心智活动角度考虑，譬如预设导向性问题，就能激活学生心中的思维图式，有利于他们有目的地去观察、比较。有学者认为语言的交际能力由语言能力、策略能力和心理生理机制三部分组成。其中，策略能力就是人们使用语言进行交际时的心理认知过程，跟思维有直接关系。所

以交际能力不是靠做练习就能够培养的。教师在课堂学习活动中，应设计情境、模拟社会生活场景，鼓励学生在语言实践中，树立角色意识，善于观察、判断交际对象的表情和态度。只有观察、判断、分析等心智能力得到提高，学生才能够运用语言与他人进行有效的交流和沟通。

思维能力与语言能力是互相影响、互相作用的两大素养。语言能力的提高能够促进思维能力的发展；良好的思维能力又是语言能力培养的前提保障。

（二）思维能力的提升促进跨文化理解与正确的价值判断

我们生活在一个多元的世界，各民族都有自己独特的文化，而文化的主要传播渠道是语言。在英语学习中，学生会接触各种异族文化。如何对待外来文化是英语学科要解决的问题。我们要反对崇洋媚外，也要防止夜郎自大。这两种极端性的文化价值观是思维错位或弱化的表现。要想避免极端性的价值判断，就要教师帮助学生理解世界文化的多元性，对不同文化持尊重和包容态度。要做到这一点，正确的思维方式非常重要。学生要学会观察文化现象，分析不同文化的民族背景，比较中外文化之间的异同，由此做出自己的判断和评价。

1. 语言、文化与思维之间的关系

思维包括三个广义的范畴：反思性思维、创造性思维和思辨性思维。思辨并非一成不变，它可以成为一种习惯，可以学习和培养。根据理查德·保罗和琳达·埃尔德的定义，思辨指"运用恰当的评价标准，进行有意识的思考，最终做出有理据的判断"。根据上述定义，评价活动是思辨的核心，其中评价标准是前提，有意识地思考是过程，有理据的判断是结果。而在中华文化里，思辨的教育理念有源可寻。思辨能力即为周密思考，明辨是非的能力。培养中国学生的思辨能力，培养的就是这种懂得周密思考、明辨是非的能力。外语学习是培养学生跨文化思辨能力的有效途径，其中语言、文化和思辨是三个关键因素，二者可以相互融合，相互促进。语言不仅是交流的工具，还是思想的器官，语言是一种思维力量和另一种思维力量之间的唯一中介，对思想的完成，语言是不可缺少的条件。因此，通过语言来观察思维过程是水到渠成的方式。从哲学的意义上说，洪堡特认为每一种语言都包含着一种独特的世界观。不同语言的个性是该种语言的民族特有的财富和现象；语言反映不同民族的概念和意义体系、价值体系和思维方式。英语与汉语反映不同的思维模式，讲述了不同文明的故事，彰显了各自民族的传统文化。文化因交流而多彩，文明因互鉴而丰富。具有国际视野的高能力人才需要秉持跨文化态度，在坚定文化自信的同时，拥抱文化多样性，批判性地鉴赏不同文化的独特魅力，思辨能力可以在这一过程中得到培养和加强。因此，从理论上说，以语言为载体，以中英文化对比为途径，培养学生的跨文化思辨能力是可行的。

2. 英语课程提升跨文化思辨能力的原则

通过英语课程实现跨文化思辨能力的培养要坚持两个原则。

（1）坚持以语言学习为中心

英语课程首先是语言的课程，掌握这门语言是该课程最基本的要求。通过英语语言的学习培养跨文化思辨能力就如同建造一座大楼，语言是这座大楼的地基。在英语课堂教学中笔者发现，在讨论和回答思辨性问题的时候，英语语言能力限制了学生思维的展开。如果允许学生用中文讨论和回答问题，很多学生能够结合身边的例子，较为系统和深入地回答问题；如果要求学生用英文讨论和回答问题，很多学生因为英语表达能力的局限，不能完整地表达自己的看法，久而久之，他们的思维就受到了限制，因为他们习惯性地只去思考他们能够表达出来的相对简单的问题。这是一个恶性循环，英语语言表达能力限制了思维的发展，思维又限制了英语语言能力的提高，造成了英语语言能力不乐观、思辨能力下降的局面。所以，坚持以语言学习为中心才能真正提高跨文化思辨能力。

（2）坚定中华文化自信心

面对西方思想和文化的渗透，树立学生的民族自豪感、增强学生的文化自信，任重而道远。高校英语课程是中西方文化思想和价值观碰撞的重要载体，培养学生的跨文化思辨能力要明确方向，把握原则，引导学生批判性地认识自我文化和西方文化，从本质上增强文化认同和文化自信。新冠肺炎疫情的暴发和肆虐对中国人民而言是一场艰难的战役，然而中国人民上下一心、众志成城、共渡难关的精神和能力源于中华民族优秀的文化传承。

（三）思维能力的提升促进学习能力的提高

学习能力是指学生积极运用和主动调适英语学习策略、拓宽英语学习渠道、努力提升英语学习效率的意识和能力，具体涉及学习意识、学习方法、学习资源和学习效率等要素。

要形成正确的学习意识，学生就需要分析自己的学习内部动机和外部动机的关系，遇到困难，不但要有知难而进的精神，还需要理性地分析、判断，找出解决困难的路径。要找到有效的学习方法，学生就需要正确反思自己、认识自己，确定适合自己的学习目标，自我监控学习过程，根据观察到的情况，做适当的调整，创造性地形成自己的学习风格。要获取优质的学习资源，学生就需要学会比较，再根据资源的性价比和难易度进行归类，寻找适合自己的资源，拓展学习渠道。要提高学习效率，学生就需要合理选择学习方式，以自主学习为主，积极参与学习上的各种合作，在学习过程中，要敏锐观察语言现象和语用规律，要多角度思考和探究英语国家的社会文化现象、认知思维方式和意义表达习惯，探异求新，学以致用。

上述所有这些都需要学生的观察、比较、分析、判断、反思、创造等各种思维活动。没有思维的学习是没有结果的学习，正如孔子所言"学而不思则罔"。而且，不同的思维层次的学习会产生不同的结果。记忆性学习的结果是遗忘；理解性学习的结果是掌握；批判性学习的结果是创新。

二、英语学习对高阶思维能力培养的促进作用

（一）高阶思维能力的概述

高阶思维能力这一概念由来已久，最早起源于古希腊哲学家苏格拉底、柏拉图和亚里士多德，他们认为培养学生的高阶思维能力是重要的教育目标。高阶思维是一种复杂的思维模式。狄龙认为高阶思维能力包括解决问题、决策、批判性思维、创造性思维及系统性思维。换言之，高阶思维要摆脱传统的教育模式，从知识记忆、理解和应用转向更高层次的复杂认知机制，使学生具有自主解决问题、批判思考、创新发展的思维能力。

高阶思维能力是教学与学习的重要方面，高等教育尤为注重学生高阶思维能力的培养。在培养过程中，教师起着至关重要的作用。教师发挥自己的专业优势，利用教学经验，影响课堂中高级思维技能的使用。因此，教师需要在课堂中发挥他们的引导作用，帮助学生培养自主思考、辩证分析的思维。

大学英语教师可以围绕高阶思维能力的培养设计教学环节。引导学生独立自主思考、提高学生创新思维能力及问题解决能力；构建知识整体认知，形成知识整合思考能力；运用讨论与趣味结合的教学设计，思考解决办法。学生在思考的过程中可以与同伴交流互助，并根据教师的引导，最终将思考结果反馈给教师，从而实现大学英语课堂的自主互助过程。

（二）英语中高阶思维教学模式

英语作为第二语言出现在大多数中国学生的学习生涯中。对于学生来说，大学固有的英语学习方式使学生形成机械的应试思维。大学英语教学改革旨在帮助

学生提高大学英语课堂中高阶思维能力，摆脱英语思维的僵化模式。教师在教学中的作用不言而喻，他们是培养学生重要的导向，引导学生走向未来的标杆。孙有中认为在探究型课堂中教师的职责是向导或助手。因此，教师需要做的就是引导学生，这与教师的教学设计密切相关。教师可以基于大学英语自主互助导图，运用高阶思维教学设计，形成大学英语课堂师生互动、生生互动的教学模式，从而帮助学生提高高阶思维能力。

1. 探究式问题教学

目前，有研究表明，问题教学能够提高学生的高阶思维能力。教育学家杜威（Dewey）提出思考不是自发产生的，而必须是由一些问题、困惑或怀疑激发的。因此，问题式教学对培养学生高阶思维能力至关重要。传统英语课堂的思维僵化模式，已经内化为学生固有的思维习惯，为转变学生的思维模式，教师需要进行更高层次的问题导向，拓展学生思维深度，最终在教师和学生的共同努力下将学生思维模式外化为高阶思维能力。探究式问题教学是高阶思维能力培养的重要教学方式。与传统记忆型相关问题教学不同，探究式问题教学注重引发学生独立思考，促进学生主动学习。因此，在大学英语课堂中，教师的问题设计转变为对产生现状的理据进行说明、提出问题的假设或询问影响及后果等，体现英语课堂内容相关的深层次问题，引发学生思考的同时，注重英文表达，提升逻辑思路。帮助学生提高思维能力，培养高阶思维。

2. 知识脉络整合教学

由于教学课程具有分散性，学生对相关知识的认知也是零散、分散的。教师需要帮助学生提高知识脉络的整合度，但需要注意的是，不是简单地帮助学生回顾已学知识内容，而是引导学生自主思考，整合知识网络，形成批判及创造性思维。思考过程与内容相互交织，能够帮助学生运用旧知识理解和推断新知识。因此，知识整合教学是提高高阶思维能力的教学方式之一。知识脉络整合教学中，教师的作用是引导学生对英语知识的整合。这种整合与传统的回顾或记忆有所不同，注重引发学生自觉探索新知识。高校语言教学倾向于记忆回顾式教学，而学生主动对语言的整合运用并没有受到重视。因此，教师需要着重开发学生的自主知识整合能力，促进学生批判思维的形成与发展。大学英语教学中，教师可以通过英文相关问题引导学生自主进行知识脉络的整合，或是加入有关图片及多媒体教学，帮助学生整合英文知识网络，发展高效的知识认知整合，主动地进行批判性思考，从而提高高阶思维能力。

3. 讨论与趣味教学

增加课堂讨论及趣味不仅能够吸引学生的注意力，还能够帮助学生发展高阶思维能力。小组讨论是大学英语课堂中一项重要的教学策略，它能够提高逻辑思维能力和表达能力，让学生在独立思考的同时促进其交流学习的意识。学生在小组讨论过程中，能够合作解决复杂且有深度的问题，促进创新意识的交流合作。此外，小组讨论能够形成互助型学习模式。尤其在大学英语教学的小组讨论过程中，可以要求学生运用英文表达观点，当遇到复杂难懂的英文知识时，小组成员可互相帮助、合作完成教师布置的教学任务。此外，角色扮演也是一项重要的趣味教学设计。在大学英语教学中，角色扮演能够帮助学生理解和体会英语国家文化，使其能够辩证思考，学习承担他人角色，提高社交技能，促进其思维能力综合发展。因此，角色扮演是有效的教学方式。

三、英语学习与思辨能力发展的相互关系

随着经济全球化趋势日益加强，培养适应当前经济和科技发展的国际化人才迫在眉睫。一个国家的发展在很大程度上取决于其劳动者的创新能力，要保持经济稳定发展，必须加强国民的创新能力培养。而批判又是创新的前提，没有批判就没有创新。正因为如此，思辨力的培养成为高等教育的一个重要目标，英语教育也不例外。《大学英语教学指南》（2020版）在教学要求上，除对语言知识与技能、跨文化交际能力和学习策略的要求外，还增加了对思辨能力的要求，要求学生能够理解材料，明晰事实、观点与细节，并具有综合、对比、分析、判断、论证和评析等能力。近年来，大学生英语思辨力的培养已经引起了广大高校英语教师和学生的关注，但是我国的大学英语教育对此却还没有给予足够的重视。在大学英语课堂中，部分教师依然停留在对学生的听、说、读、写、译等语言技能的培训上，没有充分重视学科训练和人文通识教育，大量的教学活动都是在模仿、理解和记忆层面展开，很少上升到分析、评价和创造的高级思维层面，因而出现了学生的分析、评价、推理等思辨能力普遍缺席的现象。

思辨能力属于高级思维能力，也是大学阶段思维能力当中最需要发展和提高的思维能力。

（一）在英语教学中培养思辨能力的重要意义

1. 思辨能力的概念

思辨能力指的是思考和辨析。其中，思考指对具体事物所开展的分析、推理

及判断等大脑思维活动；辨析指结合具体事物所呈现出来的实际情况，对事物进行类别、归纳及判定等辨别分析活动。思辨能力从一定角度上来说能够反映出一个人的批判性思维能力，强调个体能够经过自己独立的分析与论证，运用科学恰当的评价标准进行思考和探索，对具体的事物做出辨别与判断或从中挑出自己所认为重要和正确的东西，并给出依据。

2. 思辨能力发展的必要性

思辨能力作为全方位发展人才必备的能力，主要是指针对具体的评价标准，对自身能力和学习情况进行反思，并做出客观的判断，为后续的学习和发展指明方向。思辨能力是学生了解自我，并帮助自己不断提升的重要手段。思辨能力有着明显的批判意义，在教学过程中，通过教师的引导，学生可对假设和部分存在争议的观念展开分析，并结合以往所学知识，来判定思维的走向，确定问题解决和思考的方式。而对于学生思辨能力的培育，教师需要结合多学科理论内容，并利用灵活的方式来锻炼学生思辨的能力，使学生习惯利用思辨的态度来看待问题，并对问题进行多角度和深度的思考，着重发展学生的思维能力和良好的学习习惯。在当前大学英语教学中，虽然经历不断的改革创新，教师认识到思辨能力的重要价值，但是在具体落实过程中，对于学生思辨能力的培养仍存在不足之处，还需要进行完善和改进。

近年来，全球化趋势不断扩张，社会对具备良好英文交流能力人才的需求量急剧增加。良好的英文交流能力不仅指基本的英文表达能力，还包含对西方文化的认知能力，以及相关西方历史的知识储备。这些能力仅仅依靠传统的英文语法教学或者词汇教学很难达到良好的培养效果，需要学生在教师的引导下，通过自己的独立思考和创新思维实现对相关知识内容的深入感悟与掌握。在大学英语教学过程中，想要真正实现语言学科的教学价值，就要用思辨能力帮助学生掌握语言背后所蕴含的思维习惯与模式，从而避免语言学习过于机械化和程式化。

（二）当前高校英语思辨教学现状

1. 重视不够，培育学生思辨能力的目标不明确

教学目标作为授课过程中阶段性的任务，在新的教育改革要求下，培育学生思辨能力成为教学目标的一部分。大学英语教学不仅是依据教材内容，帮助学生掌握语法、语句、句式等应用技巧，还要关注学生表达能力和思维能力的发展，其核心的内容就是学生具有一定的思辨能力。然而，当前大多数高校英语教学目标的设定，缺少对思辨能力的关注，将重点落实到基本语言技能培养方面，通过

设置等级考试来检测和提升学生的英语技能，从教学和评价等方面来看，都未对思辨能力的培育给予足够的重视。部分英语教师认为学校承担着考核评价学生的责任，而在教学中忽视对学生的考评，将教学重点集中在知识的灌输上，没有对学生的认知能力和思维进行引导。在这种教学模式下，部分学生不习惯独立思考，不但思维活跃程度不高，自身的判断力和反思力也相对不高，思辨能力难以获得发展。同时，部分学生受到中学英语学习习惯的影响，将通过等级测试作为学习的目标，在学习中思维受到限制，所建立的知识体系较为单一，难以从不同角度看待和思考问题，最终影响学生综合能力的发展。

另外，虽然我们一直在提倡改变教师"一言堂"的局面，强调以学生为中心，鼓励学生提出疑问、挑战权威，但是在实际教学中，我们是否做好了迎接、应对学生的质疑和挑战的准备？毕竟，很多教师也是在传统"填鸭式"课堂的培养下成才的，自身的思辨能力有限，在面对学生的质疑和挑战时，他们能否从容应对、诚心鼓励，还未可知。他们如果做不到，必然会影响学生思辨能力的培养。目前，很多大学英语教材里都会有一些开放性问题供学生讨论，以《新视野大学英语读写教程》（第 3 版）为例，每篇课文的课后练习都有 Critical Thinking 环节，里面就有 4~5 个开放性问题供学生思考和讨论。这些都是能够很好地用来培养大学生思维能力的讨论资料，但是教师如果自身思辨能力不足，无力应对学生质疑，或者本身就对培养思维能力不够重视，就有可能选择性地忽略这一思辨教学环节，直接跳过或留给学生在课下自主完成。而有的学生认知能力和学习主动性不足，在没有教师引导和帮助的情况下，无法全面客观地理解内容，无法高质量地完成思辨教学任务，因而也就无法实现思辨教学目标。

2. 方式落后，思辨能力训练过于表面化

（1）教学方式缺乏创新实践

在教学方式上，教师在较大的教学压力下，创新实践的主动性不足，只是片面地讲解英语知识，忽视对学生多元能力的培养。这就造成学生处在被动接受的状态下，主动了解和思考的欲望不强，大多是根据等级考试的要求机械学习和记忆英语知识，不但学习的整体效率降低，而且英语学习的目标变为完成考试，自身能力的发展缺少动力。

（2）思辨教学重视不足

教师作为课堂的组织者和教学内容的设计者，其自身的思辨能力和对思辨教学的重视程度，影响教学的具体成效。在教学实践中，诸多教师重视学生口语表达能力，却没有预留学生独立思考的时间。尽管教师鼓励学生提出疑问，但是问题并没有被扩大和具体分析，学生的思维还有着固定模式的制约，反思和批判的思维能力难以发展。

（3）教师思辨能力缺乏

教师自身思辨能力不足，在教学中难以为学生提供反思和批判上的指导。特别是在当前复杂的社会背景中，学生接收信息的数量和类型不断增多，学生作为网络中活跃的群体，养成了利用网络解决问题的习惯，并产生一定的依赖性，不习惯自主思考和反思，这对教师的教学造成较大的阻碍。

3. 课程设置不全面，缺乏对思辨能力培养

大学英语课程设置一个显著的特点就是偏重语言技能训练，主要有视听说和读写两个部分，教师将大部分课时用来打磨听、说、读、写译等语言技能，以及进行大学英语四、六级考试的培训，无暇顾及学生的人文素养提升。大量的课堂活动都是围绕听、说、读、写译语言技能进行的理解、记忆和机械模仿等低级思维活动，缺乏涉及阐述、分析、评价、推理等且有利于促进思辨能力发展的高级思维活动。大学英语教学本质上属于人文教育，教师应该在语言教学的过程中关注学生人文素养的提高，包括文学、历史、哲学、宗教等人文知识和善良、博爱、正直、求知、探索、思辨等人文精神。大学英语教学也应该将思辨能力的培养纳入其中，提倡"通过思辨来学英语，通过英语来学思辨，将思辨一以贯之，融合英语教育与人文教育，实现语言能力、人文素养、学科知识、跨文化能力和自主学习能力的相互促进，同步提升"。

4. 忽视考评，学生无法有效判断学习情况

在大学英语教学中，考核评价作为学生了解自己阶段性学习情况，以及学生反思的重要依据，是培养学生思辨能力必不可少的环节。从客观角度来看，高校英语考核评价的方式过于单一，会直接造成学生思辨能力发展不足的问题。现阶段，高校设置的评价考核方式以等级考试和期末测评为主，等级考试的目的为获得等级证书，为就业提供保障。而期末测评的标准过低，更是使部分自主学习能力不足的学生认为只要及格就算完成学习任务。这种过于单一的考核方式，无法评价学生英语能力的发展情况，不能为教学活动提供更具有针对性的参考。英语考核评价方式的不合理是阻碍学生发挥学习优势的关键因素，更是不利于学生思辨能力发展的主要问题。面对新的教育改革，以及学生能力全面发展的要求，教师应针对阶段性教学计划，设置评级考核的标准和规则，帮助学生认清现实，通过不断反思和实践，缩短学生之间的差距，为后续的学习奠定基础，更为未来的发展创造更多的可能性。

（三）高校英语教学中学生思辨能力的培养策略

1. 强化学生的思辨意识，开启思辨之门

教师要提高学生的英语思辨力，首先要唤醒学生的思辨意识，营造良好的思辨课堂氛围。教师可以通过提问、讨论、演讲、辩论和个人展示等课堂活动，调动学生的积极性，引导学生参与讨论，不断提高和强化大学生思辨能力。在分级教学模式下，同一个班级学生英语水平相对来说比较一致，不会因为水平参差不齐而导致活动无法开展，学生也不会因为和其他同学差距太大而产生恐惧心理不敢开口。从这个角度来讲，分级教学对于开展思辨教学是有利的，教师可以多开展讨论式、探究式、互动式教学，但是在课堂设计的时候，应根据教学班级的级别把握好难易度，设计出难度适中的思辨活动，提高学生的课堂参与度，有针对性地训练学生的思辨能力。教师提出的问题应该是开放性的，不设置标准答案。教师应该鼓励学生有礼貌地发表不同见解，学会欣赏其他同伴的不同见解，提高学生参与课堂讨论的积极性。

教师不仅要自己提问，还要让学生提问。教师可以让学生在阅读材料后，就材料内容提出问题并在小组活动中进行讨论。思辨能力并不是先天就有的，而是可以后天培养的，而学会提问、学会质疑是走向思辨的第一步，教师应不遗余力地鼓励、引领学生敲开思辨之门。

2. 注重改革英语课程内容，提高学生英语掌控能力

英语课程内容体系是培育高校大学生思辨能力的关键因素，为有效提升学生的英语掌控能力，带动思辨能力提升，必须要注重改革英语课程内容和体系，打破英语教材内容严重滞后的现象，保证高校英语课程内容和体系与时俱进地更新与完善，符合当代学生的发展需求。首先，高校在选择英语教材时，应加强对教材内容的甄别和筛选，避免选择的教材内容过于落后，保证教材内容符合当代学生的学习需求。同时，高校管理者应树立创新意识，具有前瞻性眼光，需要保持及时更换教材的思维，切记不可为方便教学或减少成本支出，而一直使用落后的教材与教案。其次，高校还可鼓励英语专业教师自行编写教材，积极参与教研教改活动，引导教师在编写教材时，不但借鉴以往的教材，而且以比较具有时代特征的教材作为参考。之后再利用大数据分析处理技术，在网络中广泛搜索现代化英语教学资源，将这些教材的优秀之处进行整合，编写出全新、具有科学性、符合学生发展的英语教材。此外，为保证英语课程的设置能有效培养学生的思辨能力，还应当注重将知识学习和语言学习进行有机的结合，将思辨的英语教学课程

划分为两类,即独立课程和内容依托式课程。独立课程指的是思辨训练课程,选择该课程的学生可通过在课堂上进行专业培训,逐步掌握思辨能力,即自我调节能力。内容依托式课程取决于教学内容、教学方法和教学工具,引导学生在学习外语时,将语言作为媒介和工具,来获取其他知识,能够促使学生通过对学科知识的学习,有效提高自身的语言能力、思辨能力和知识储备,达到促进学生全面发展的教育目的。

3. 注重课程引导,提升学生自主学习能力

对于任何阶段、任何学科的教学来说,学生始终都是学习活动的核心与主体,教师作为整个教学活动的组织者与策划者,更多的是给予学生科学和专业的引导,启发学生逐渐养成独立思考与自主学习的习惯,起到培养和增强其思维能力的效果。因此,在实际英语课堂教学过程中,教师应该重点关注课程模式的科学设计,尤其是对相关课程内容的导入这一环节至关重要。大学阶段的教学应该将更多的时间和空间留给学生,一方面,让学生能够进行更多的独立思考;另一方面,能够打破传统课堂教学模式的桎梏,给予学生更加丰富的英语学习体验。例如,讲到关于"culture"这一内容的时候,教师在设计教学方案时,可采取"情境创设"的模式来进行课程导入。在整个过程中,教师可以借助多媒体设备为学生播放英国经典影视剧《唐顿庄园》的相关片段,重点展示影片中所描述的关于英国上层贵族与其仆人在当时所处的年代背景下,以及等级森严的社会制度下的人生百态,其中包括经典的继承人选择情境、贵族小姐克劳利不顾等级制度追求爱情的情境等场面。通过为学生创设生动的多媒体影视情境,能够充分调动学生的听觉、视觉等多重感官,教师可以顺势引导学生思考同样时代背景下,即1910年的中国是何种社会形态和文化形态?学生在影片的激发下不禁积极思考,很多学生都能想到,当时的中国正处于政治经济及社会文化剧烈变动的时期,经历了王朝封建制度的结束及各种西方文化的入侵;还有更多的学生开始进行中西方文化的对比,进而从文化延伸到语言,学生进一步加深了对英语这门学科或者说这门语言的认识和了解。通过创设情境来进行课程导入,极大地调动了学生独立思考和自主学习的积极性与主动性,不仅有助于提升学生在英语学科方面的能力,更能够提升学生的综合水平。

4. 创新教学模式,调动学生学习积极性

高校教师要想在切实提升学生英语水平的同时进一步培养和增强学生的逻辑思维能力、创新思维能力及辨别是非能力等综合素养,还应从转变教学理念和创新教学模式入手。通过在英语课堂教学过程中采取多样化的教学形式和教学内容,

一方面，能够有效拓展英语教学内容的丰富度，帮助学生拓展思维和视野；另一方面，能够切实提升高校英语课堂教学的趣味性，从而调动和激发学生参与英语学习活动及进行独立思考的兴趣和热情，无论是对教学质量的提升还是对学生能力的提升都大有裨益。例如，高校教师在讲到"Information network technology"相关内容时，可以引出"What do you think of Internet information technology？"这一问题，然后在课堂教学过程中组织学生开展以"The advantages and disadvantages of network information technology"为主题的辩论比赛活动。在整个过程中，学生结合自己的知识储备及对相关英文文章内容的理解，可以自由选择自己的观点，持有相同论点的学生自动分成一个阵营，持有不同观点的学生自动成为敌对阵营。其中，有的学生坚持认为"Network information technology has brought great convenience to our study and life."；与此同时，另一部分学生则坚持认为"The development of network information technology has seriously affected our thinking mode."。英文辩论既可以锻炼学生的批判性思维能力，也有助于提升学生的英文口语水平，可谓一举两得。

5. 加大英语教师培训，提高学生思辨能力培养效果

英语专业教师是推动学生思辨能力提高的重要因素，同时也是保障高校可持续发展的核心力量。为此，在高校英语教学中培养学生的思辨能力，需要加大对英语教师的培训与再教育力度，引导英语教师不断提升自身实力，不断发展，通过持续努力和学习，提升自身的思辨能力，然后再利用自己的识别能力去引导学生进行学习，以此为学生思辨能力培养打下良好基础。首先，高校应定期组织学术座谈会、学术讨论会、学术比拼大赛及教研教改工作等，引导英语教师参与其中，不断进行专业知识学习、教学经验扩充和思辨能力提升。其次，高校还应为英语专业教师提供更多的培训、进修、参加会议的机会，努力提高英语教师的职业素养，为教师提供更多再教育的机会。在此过程中，为保证教师能够积极参与此类再教育活动，学校可通过设置相匹配的激励措施，如升职加薪、能力评优、薪资待遇等，来吸引英语专业教师积极参与此类培训活动，以期达到良好的培训效果。此外，还可围绕提高英语教师思辨能力多开设一些工作坊，组织"午餐会"等活动，促进教师进行同行交流。

6. 丰富教学方式，开发学生自主学习潜能

培养学生思辨能力的有效方法之一是自主学习，思辨的前提是自主学习，思辨能力可以通过自主学习来培养，并最终促进自主学习能力的提高。思辨能力的培养不是一蹴而就的，而是需要长时间的积累。学生需要改变传统的学习习惯，

不能单纯依赖教师的讲解和引导，更多地需要自己积极主动地阅读思考、查阅文献和进行实践。在互联网时代，线上线下资源十分丰富，英语报纸、杂志、网站及各种英语自主学习网络平台、App 为移动自主学习提供了极大便利，也为思辨教学提供了强大的智力后盾。学生只有课前充分预习，课上积极讨论，课外主动阅读相关资料文献，进一步探索和思考，才能提升创新力、思辨能力及分析问题和解决问题的能力。

另外，教师也可以通过翻转课堂的方式，将思辨教学内容与任务通过微课、慕课及网络平台放在课外，由学生自主学习完成，然后在课堂上让学生基于自主学习直接进行讨论，教师检查思辨任务结果，这不仅可以促进学生自主学习能力和思辨能力的发展，还能减少课堂活动的学时，从而克服大班教学开展课堂活动耗时多、效率低的难题。

7. 改革评测体系，培养学生良好的思辨能力

在实际教学过程中，教师应创新英语学科测评内容与测评形式，结合具体的教学目标和教学计划制订更加多样化的学科测评途径和测评计划，切实实现对学生的综合测评，带给学生更加明确的学习动力和学习方向。例如，相关高校可以结合学校学生的实际英语水平及英语学科的实际教学进度，每学期开展 2~3 次"小组演示测评"活动。"小组演示测评"活动就是学生在小组范围内就上一阶段所学习的英文学科内容进行总结、整理和汇报。在整个过程中，教师需要结合不同班级学生的实际情况对其进行分组，一般情况下，要确保同一个小组由每个英语水平层次的学生组成，这样才能够促进彼此间的交流和学习。在制作演示文稿时，小组内学生要制订明确的分工计划，有的负责整理教材中的知识点，有的负责整理小组内部思考讨论的拓展知识点，还有的负责将所有的知识点进行归纳整合，呈现出一个完整的演示文稿，最后还需要一名学生负责进行汇报展示。教师要结合每个小组的汇报成果质量及上交的分工明细表，按照不同学生的贡献率给每位学生打分。通过这种测评方式，实现对学生综合英语水平的测试与考察，促进学生彼此间的交流合作，实现思维与观点之间的碰撞。

第二节　英语学科内容促进学生思维能力发展的途径

一、大学英语听说与思维能力的培养

（一）大学英语口语教学中批判性思维能力培养

1. 大学英语口语教学现状

（1）教师层面

受传统教学理念的影响，目前在口语教学中很多教师依然"重语言轻内容，重模仿轻思考"，将口语教学的重点放在语言形式的准确性和语言表述的流畅性上，很少系统全面地开展批判性的语言思维方面的训练。在这样的口语课堂中，学生就逐渐形成一种概念，即好的英语口语表达能力主要取决于发音是否标准，语法是否准确，语言表述是否流畅等，与语言思维能力关系不大，导致学生在学习中只会一味地跟着教师的思维模式走，不愿意去主动地运用批判性思维方式来分析和解决问题。此外，目前在大学英语口语教学中，虽然有越来越多的教师开始关注课堂教学设计，并通过不同的课堂活动来加强学生的口语练习，但整体来看，口语课堂所讨论的一些话题通常都是简单明了，没有新意或深度，一般不需要学生进行深入的思考分析。这些话题对提升学生的语言技能的确很有帮助，但却无法帮助他们培养起较强的批判创新能力，因此对学生批判性思维能力的培养意义不大。

（2）学生层面

受应试教育影响，在中学时期，英语口语测试不占中考、高考分值，导致大多数学生对英语口语训练极不重视；进入大学后，由于又面临期末考试和大学英语四、六级等考试压力，大多数学生在英语学习时依然仅重视听、读、写、译能力的提升，英语口语训练仍被习惯性地忽视。这样一种长期"重读写、轻听说"的应试英语学习氛围，使得很多学生尽管能以不错的成绩通过各种英语考试，但依然不能用英语进行地道流畅的口头交流，即使有些学生能够用英语来口头作答，但也只会笼统地概括，根本无法完整地阐述自己的观点，在与他人辩论时，也经常语无伦次，思路混乱，辩证分析和逻辑推理等批判性思维能力明显不足。

（3）教学内容

目前，大学英语口语教学中教师的授课内容仍主要依赖于大学英语口语教材或听说教材，但由于教材的选用要求严，编审、出版时间长，且使用周期相对稳

定，大学英语口语教学所选用的教材普遍存在教学设计一成不变、千书一面，教学内容选题陈旧、缺乏时效性的问题，这使得很多学生对口语课的授课内容失去兴趣，不愿意去积极思考和主动参与课堂活动，更不用说去激发和培养批判性思维意识。

（4）教学活动设计

大多数教师的教学活动仍主要围绕强化学生的英语语言技能展开，其中一些活动的话题选择过于简单，缺乏一定的专业性和思想性，不具备培养学生批判性思维的水准；还有一些活动的设计纯属范例教学，仅让学生强化对某些经典内容进行跟读、模仿、背诵或复述，这些活动虽能在一定程度上提高学生的英语口语水平，但却仅涉及记忆、理解和简单运用等较低层次的思维活动，难以有效激发学生的积极思维，让他们能够运用分析、推理和评价等认知技能去清晰明了地阐述自己的观点。

2. 大学英语口语教学中培养学生批判性思维能力的对策

（1）打造友好宽松的学习环境，激发学生批判性思维的情感潜质

教育心理学研究表明，轻松愉悦的学习氛围能在很大程度上消除学生的焦虑情绪，激发批判性思维的情感潜质，使思维更加活跃，更愿意辩证地去思考问题，也更能自信地去表达观点。但从现实来看，中学时期长期对英语口语训练的忽视，很多大学生的英语口语技能明显偏弱，导致其在口语课堂上普遍缺乏自信，并经常产生焦虑、紧张和抵触等情绪，这不仅妨碍了学生英语口语表达能力的提升，也严重影响着批判性思维潜质的激发。因此，在口语教学中，教师应努力打造一种友好宽松、积极向上的学习环境，对每一名学生都做到理解尊重和坦诚相待，并通过不断鼓励和激励的方式，培养他们的自信心，激发他们的求知欲，帮助他们构建开放的学习视野，从而使批判性思维中的自信、好奇及开放等情感潜质得以有效激发。

（2）转变教学理念，构建以学生为主体的课堂教学模式

目前，大学英语教育学界一致认为，大学英语口语教学的主要目的，不仅在于传授语言文化知识，培养学生的语言应用技能，还在于培养学生的批判性思维和创新意识，增强其独立分析问题和解决问题的能力。这就要求大学英语口语教师在教学中要积极转变理念，摆脱传统的以教师为中心的"填鸭式"式的教学方法，努力构建一种以学生为中心的课堂教学模式，全面激发学生学习的主动性，让他们在积极参与和有效互动中逐步增强自身独立思考、独立发现、独立批判和独立处理问题的能力。为此，一方面，我们可以通过"合作"方式构建一种平等

的课堂教学环境，切实在教学中确保学生的主体地位。一个积极、高效的教学环境离不开师生间的密切合作，大学英语口语教学亦是如此。具体来看，教师在教学中应强化与学生的合作意识，在对学生的语言水平和思维能力做出科学判断的基础上，积极邀请学生共同选择教学素材，共同设计教学活动，共同评估教学效果，努力发挥学生的主观能动性，让他们在教学中处于主体地位，而教师在其中更多的是发挥启发和引导的媒介作用。这样一种合作式的教学环境，有助于教师充分利用教学素材所创造的情景来提升学生的语言水平和批判性思维能力。另一方面，我们可以通过"对话"方式构建一种积极的课堂互动氛围，激发学生学习的主动性。对话理论可追溯至苏联学者巴赫金的文学研究，"从心理学角度来理解就是参与对话的主体能够在对话中实现相互间平等的理解、融合与互动"。在大学英语口语教学中引入"对话"的概念，有助于摆脱课堂教学中教师"一言堂"的局面，这对强化学生的主体地位、营造良性互动的课堂氛围意义重大。这样的学习氛围，不仅能有效激发学生学习的主动性，还能让其在对等交流的语言学习中锻炼思维，增强思辨能力。

（3）围绕学生批判性思维能力培养，精心设计课堂教学内容和教学活动

科学合理的课堂教学内容和教学活动，是大学英语口语教学中培养学生批判性思维能力的最重要一环，这就要求教师在备课时要有工匠精神和创新意识，通过精心设计课堂教学内容和教学活动，不断地为学生的批判性思维训练创造更多的机会，帮助学生更好地了解西方语言文化中潜在的思维逻辑，以及中西方在语言、文化和思维等方面的差异，让学生在口语训练中不断增强批判性思维意识和能力。就教学内容设计而言，教师在课前应结合课堂教学主题及社会热点话题，设计出不同类型的思辨性问题，让学生在课堂上进行分析讨论。通常这些思辨性问题的答案是开放的，学生无法从课本中找到明确的解释，而是需要其借助一定的推理方法，并结合自身的知识经验进行分析总结，形成自己独特的见解。在这一过程中，学生已不再是被动的知识接受者，而成为主动的具有批判意识的知识建构者。

（二）大学英语听说中思辨能力培养

1. 大学英语听说课程思辨能力缺乏的原因

（1）教学观念陈旧

一直以来，许多大学英语教师的教学内容仅停留在对具体知识点及基本技能的传授上，忽视了对学生思辨能力的培养。学生仅以通过大学英语四、六级考试

为学习目标，不愿意进行高层次的思维活动，习惯了在课堂上被动接受知识，不愿或者没有机会进行主动思考。由于教师缺乏对教学模式的创新，学生也很难感受到学习英语知识的乐趣，与此同时，部分学生在传统教学模式的影响下养成了被动思考的习惯，很难形成思辨能力和思辨习惯。

（2）重视程度不够

大学生在学习英语知识时，非常重视英语成绩及自身是否可以顺利地通过大学英语四、六级考试。所以，学生把学习重点放在知识点的学习上，忽视了自身思维能力的培养，导致很难真正提升自身的英语水平。而且部分教师教学方法陈旧，过于重视知识教学，让学生进行大量机械训练，严重阻碍学生思辨能力的形成。同时，学校管理层面对学生思辨能力培养重视程度不够，教师也很少有机会能接受相关的教学培训；教学评价体系以知识能力为主要测量目标，忽略了与思辨能力相关的评价目标。

（3）思辨素养缺乏

教师本身缺乏思辨教学素养，无法将思辨观念融入教学活动中，就会导致学生在课堂上无法有效发挥自身的主动性，学生与教师之间的互动也会减弱。教师应积极提高自身思辨教学素养，把思辨融入日常教学，加强对学生高层次思维能力的培养。在英语听说教学中，教师应该转变以往过于重视语言知识技能的做法，循序渐进培养学生的思辨能力和解决问题的能力。

2. 大学英语听说思辨能力培养方法

（1）借助批判性思维，优化听说课堂

教师应借助批判性思维概念，优化听说课堂教学效果。孙有中（2015）认为批判性思维能力是由思辨能力和认知技能两个维度构成的。思辨能力包括以下特点：勤学好问、敏于探究、相信理性、尊重事实、谨慎判断、公正评价、追求真理。认知技能指的是能够对证据、背景、概念、方法、标准等要素进行阐述、分析、评价、解释与推理，并能自觉反思和调节自己的思维过程。教师要能运用正确的方法，引导学生进行探究式学习，进行批判性思考。在思辨培养过程中，教师要多进行正面评价，从而调动学生的积极性，引导学生批判性地思考和解决问题，提高学生对于思辨的兴趣和能力。教师可以设计激发思辨的课堂提问，通过对话式教学，激发学生的思维。学生在教师鼓励下对问题的答案做出假设，并通过合作讨论等方式逐渐掌握批判性分析问题的能力。

（2）提升思辨教学素养，开展相关课堂活动

对于听说课堂教学模式的转变，高校管理部门也应积极参与其中，为教师和

学生提供丰富多样的教学资源，让教师能借助充足的教学资源对教学模式做出合理的改进，从而在课堂上创新教学方法，运用巧妙的教学方法引导学生主动探究英语知识。教师也应积极配合，主动研究创新教学模式的方法，积极参与相关的培训活动。教师的教学观念要与时俱进，教学行为也应随之变化，在课堂上应注重学生的主体性，鼓励学生进行批判性思考，否则学生无法发挥自主性，也会对英语学习失去兴趣。对于学生思辨能力的培养，教师要做到循序渐进，在课堂活动中逐步引入思辨概念和相关技巧。首先，教师应树立明确的批判性思维能力和认知技能教学目标，并设计出相应的教学活动。在大学英语听说课教学过程中，教师可设置对话式思辨问题，与学生平等对话，多用肯定性的对话技巧鼓励学生进行思辨性回答。其次，学生自主学习能力和小组合作学习能力对学生思辨能力有较好的促进作用。教师应关注学生间的相互合作及集体讨论，适时参与到学生的小组活动中并给予必要的引导，有意识地引导学生进行独立思考。针对思辨能力较强的学生，教师可以鼓励其将思路分享给班级内其他同学，利用同龄人之间的影响力带动思辨学习的氛围。

（3）加强现代教学理念培训，提升思辨教学能力

作为教育教学活动组织人员，教师对学生的引导方式较为关键。教师对于思辨知之不多，信心不足，就很难对学生进行有效的思维培养。所以，高校要确保教师具有良好的思辨能力，拥有现代教育观念。高校可以通过培训和鼓励策略激励教师主动改变传统教学观念，接受新的教学理念，在课堂教学中做到用辩证发展的眼光看待问题。在培养学生思辨的过程中，教师应主动学习相关知识，提升自己的综合素养，在听说课上进行批判性问题引导，开展思辨活动。总之，高校需要提供与思辨教学能力相关的培训，同时教师需要不断提高自身的思辨能力教学素养，在听说教学中多应用思辨的策略，组织开展相关活动。

（4）构建思辨教学及评价体系，培养思辨习惯

高校的教学管理部门应把课堂教学的思辨维度纳入教学评价体系，重视对学生思辨能力的培养，发挥教师的思辨示范作用。规范、明确的思辨教学评价体系会对大学英语听说教学起到良好的反拨作用。同时，教师要设计出能够促进学生思辨能力与语言能力融合发展的具体评价手段，设计出批判性思维量表以方便学生对照使用。学生能够根据思辨评价量表对自己的思辨水平进行了解，这有助于学生逐步增强自身的英语表述能力，养成思辨的习惯，也有助于教师更加准确地评价学生的思维能力，帮助学生改善听说课思辨意识培养存在的问题。

二、大学英语阅读与思维能力的培养

(一)现行大学英语阅读课思维能力培养现状

1.过于注重语言教学而忽视学生智力能力的培养

传统大学英语教学在语言教学的方面占了很大的比例,术语研究、语法训练、教材的深入研究等这几个方面,都强调记忆词典、语法翻译、机械模拟,而忽略了分析等智力能力,固有机械式模式的教学,没有让学生的其他能力得到发展,因此学生普遍缺乏足够的智力训练。

2.教学方法单一,趋向同一化

在课堂学习的过程中,教师更加注重教学手段,教学手段单一,缺乏与学生的互动,容易出现教师唱独角戏的状况,学生自学能力没有得到适当的锻炼。学生自主获得知识的途径被阻塞,很难在学习中获得愉悦的体验,学生学习注意力不集中,教学效果不明显。

(二)构建大学英语阅读思维型教学模式

1.思维型阅读教学模式探究

思维型英语阅读教学探究模式的教育探究过程是一个长期不断发展的探究过程,总的一个方面就是要通过这种探究模式的教学探究,帮助大学生有效地培养阅读思维能力,增强逻辑思维能力,提升语言表达能力。构建思维型阅读模式是一个规范化的过程,可以分为以下几个层次进行。这种教学模式可以有效地将阅读教学分成三个层次。第一个层次是课前预习。这个课前预习包括提前查阅背景资料进行了解,在阅读基本课本知识后,对课本简单问题进行自我回答。同时,可以根据课本的内容,提出具有思想性的问题。第二个层次就是正常的阅读课教学过程,在教学过程中,针对提前准备的问题进行解答,在互相解答的过程中,将问题深化,获得更加深刻的理解。在基本问答的过程中,可以对文本的结构成文、风格语言、文章的行文逻辑、文章的主题思想和中心内容进行细致而又具体的把握。在学习的过程中,获得各方面的学习思维锻炼。第三个层次就是课后讨论,学习完了课程的主要内容,针对提出的问题进行了解答,最后需要总结和归纳,引发相应的思考。可以在课堂结束前的十分钟内,分小组进行总结和讨论,锻炼学生的总结归纳的能力。

2. 教学程序设置

（1）积极引导思考

先将每个学生小组分为不同的学习主题小组，每一个学习小组都应设置一个共同的学习主题或者问题。让各班学生可以自主确定分工，团队协作，共同完成一个星期学习班的任务。同时，还要引导每位学生在每次课堂学习开始之前对自己学习过的内容进行一次预习，先仔细查找好所有相关学习资料，以备在下次课堂上课后进行及时补充和反复提问。

在阅读课程正式展开之前，各组学生需要明确本次课程的重点学习内容及难点学习内容。对本次课程稍微简单的内容进行自我学习和消化。对重难点内容，学生需要做好学习笔记，将不懂的内容做上相关的标记，等待教师上课解答及同学讨论。

（2）诱发表达，解答问题去表述

学生在提前学习英语阅读的时候，会提出一些问题，有一些自己的思考，这些内容都会在课堂进行的过程中，伴随着学生的参与和教师的引导获得新的理解和阐释，学生主动去学习文本，能够自主地对文本内容产生自己的理解、体验，对整个文本进行宏观的把握。同时，在文本细读的过程中，学生可以根据具体的句子、重点段落进行分析，达到对文章的学习和把握，更加全面和深刻地理解英语阅读内容，厘清英语阅读的内在逻辑，从而联系习题来进行复习和内化。这样可以在这种学习训练的过程中，获得更好的学习经验的积累。

教师在教学的过程中，需要从多层次、多角度、多方面对文章的内容进行引导性的提问，让学生能够在潜移默化中，深入对文本的学习。教师对学生的提问类型，可以分为上课时的即兴发问，调动课堂氛围，使学生思维更加活跃，也让学生参与课堂的积极性变强。还有一种发问类型，就是紧密联系课文内容，对学生进行常规性的提问，引导学生参与阅读文本的学习当中。另外，在阅读内容学习完成后，教师可以提一些较为深入的问题，这部分的问题学生需要私下查找资料进行了解和自我解答。这就给学生提供了新的角度去学习英语阅读，指引学生从不同的路径进行思考，从而让学生能够由浅入深地去把握阅读的内容，引发发散性的、持续性的思考。

（3）课后进行有效的互动交流

课后教师安排与学生进行自主讨论交流，谈谈对这节英语课的一些收获与学习感受。鼓励每一个学生积极参与发言，发表自己对这堂课的看法，同时对本堂课还有一些疑问的学生，可以再次提出问题进行讨论。问题不分高水平或者低层次，只要是与本堂课的内容相关，都可以畅所欲言。讨论结束后，可以让小组组长对发言进行总结，全体学生再次对学习内容进行复盘，加深对英语阅读学习的印象。总结的内容可以为深化理解文章的主要内容，对作者的观点进行评价，引导培养学生独立进行思考的思维能力，进而会促使独立进行思考的思维能力慢慢得到培养从而成为一种批评性质的思维。

（三）大学英语阅读教学中的批判性思维培养

1. 批判性思维概述

（1）批判性思维的概念

批判性思维是一种心理活动，个体对给定的标准进行思考、分析和判断，并最终给出自己的结论。在这个过程中，个人对事物既有积极的一面，也有消极的一面，不是完全地否定一个事物，但同时也不是盲目相信。

（2）英语阅读中批判性思维的重要影响

①可以激发学生学习英语的热情

通过培养学生的批判性思维能够激发学生学习英语的积极性，从而提升高校学生学习英语知识的兴趣。一个人只有对某件事情感兴趣才能主动学习和积极思考，因此提升学生批判思维能够很好地激发学生的学习热情，让高校学生能够更好地享受阅读的乐趣，并可以主动迎接英语阅读的挑战。

②可以开阔学生的学习视野

学生在英语阅读中培养批判性思维，这相当于获得了一种新的技能，影响了他们创新思维能力的形成。特别是在当今社会，受过高等教育的人才越来越多，竞争越来越激烈，一个人要想在社会上脱颖而出，能力必须非常突出。因此，学生需要不断进行反思，以提高自己的能力，使自己能够成为对社会发展有用的人才，在社会发展中处于有利地位。

③可以让学生更好地接受外界信息

在英语阅读教学中培养学生的批判性思维，有利于学生更好地接受外界的重要信息。在当前社会发展的形势下，仅仅精通自己国家的语言是不够的，学生最好能够掌握几门外语，特别是英语。当学生提高英语阅读能力时，其自身的英语表达能力也会得到提高。

2. 批判性思维培养的策略

（1）选取适当的英语阅读课程材料

目前，我国的大学英语阅读教学中对于语法和词汇的使用重视程度较大，但是这样的教学模式比较枯燥，学生难以很好地分析文章的内涵，不利于调动学生的学习兴趣。因此，高校英语教师在进行教学的过程中，可以选择丰富多彩的阅读资料，让学生通过阅读来获取知识。教师选择的英语阅读资料应该具有清晰的观点和视角，在广泛的阅读过程中，学生能够学习不同媒介以不同的方式涵盖同一主题的内容，让学生进行比较和批判性思考，能够更好地激发学生的学习兴趣。高校英语教师在选择英语阅读课程材料的过程中，应该选一些比较有争议的材料，这样能够更好地激发学生表达的欲望，让学生可以积极地围绕文章开展讨论。高校英语教师要积极引导学生对文章进行阅读、分析和思考，让学生提出自己的问题，并找到解决方案，为学生提供表达批判性思维的空间。通过发现问题和解决问题，学生在获得知识的同时，提升自身的成就感，从而获得对自己的新认识，不再受权威和模板的束缚。

（2）打造民主的师生关系

如果高校想要更好地培养大学生的批判性思维，就要建立民主的师生关系，只有这样学生才能够勇敢地提出问题、积极地表达自己的想法，由此可见培养学生的批判性思维离不开和谐平等的师生关系。在民主的师生关系中，教师不再是课堂的主人，学生才是课堂的主体。教师要转变传统的教学方式，将培养学生的自主学习能力、思考能力和创新思维作为教学目的，要引导学生提出问题、解决问题和表达观点，教师应该尊重学生的想法，并支持和鼓励他们提出自己的看法，学生在课堂中不再仅仅是知识的接受者，而是知识的创新者。学生能够表达自己的想法，能更轻松自由地思考，把自己的想法融入英语阅读中，提出问题，然后再针对阅读内容进行分析研究，创作良好的互动环境有利于学生批判性思维的形成。

（3）培养学生的问题意识

目前，我国大学英语教学的过程中出现了两种极端的情况：一种是在学生的心里，教师和教材就是最权威的存在，他们不会去质疑教师，从而会出现心理压迫的感觉；另外一种是有的大学生认为教师是庸俗的，教材是落后的，对于教师和英语阅读课堂嗤之以鼻，对于课程内容进行盲目的批判。为了使这样的情况得到缓解，高校应该注重学生问题意识的培养，人们在面对事情的时候都会产生怀疑、分析、探索的心理过程，这就是问题意识，通过培养高校学生的问题意识，能够让其在面对问题时保持客观，进行理性的分析和思考，既不盲目地相信也不盲目地批判，这对于提高高校学生解决问题的能力具有很大的帮助。在高校进行英语阅读教学的时候，英语教师可以通过设置问题情境，给予提示，引导学生思考问题，关注学生的问题，以提高学生的学习积极性，学生有很强的问题意识，也有批判精神，从而促进高校学生批判性思维的形成。

（4）引导学生进行批判性阅读

在大学英语阅读教学过程中，英语教师应该根据实际教学情况，积极地引导学生进行批判性阅读。首先，教师可以提出问题，提出文章中的争议点，然后提出问题，引导学生思考和分析问题，促进师生在解决问题和回答问题方面的思想交流，营造生动活泼的课堂气氛，让学生善于抓住机会思考。虽然课堂框架是由教师组织的，但其往往超越了教师的假设，因为大学生的思维是跳跃的，它们常常具有意想不到的见解，教师可以抓住这些机会，提升高校学生批判性思维。在教学的过程中，高校英语教师要引导学生打破传统观念的束缚，勇于表达自己的观点，辩证地看待问题。形成自己的观点的同时并能够通过各种问题和答案给予一些自我辩证的支持和肯定，鼓励学生提出批判性的问题。另外，由于大学英语教学的内容具有一定的局限性，很多的文章只有概括地介绍，没有全面系统地对问题进行阐述，也没有证据对文章的问题进行论述，因此高校教师可以让学生拓展思维，通过查阅课外资料来完善文章内容，通过课外阅读可以加深学生对课文的理解，从而提升学生思维能力。

三、大学英语写作教学与思辨能力培养

（一）大学英语写作教学中的思辨能力培养现状

1. 传统教育方式对思辨能力现状的影响分析

我国的高考制度为应试制度，从学生进入学校开始，就由考试分数来评价学生的学习成果。因此，学生从入学初就形成一种为应付考试，而死记硬背的学习方式和习惯，忘记了学习英语的目的是交流与沟通。在大学英语学习中，部分英语教师和学生在英语教、学中，将机械记忆作为英语学习的主要方式，以应付大学中各种考试，忽略了对学生思辨能力的培养。因此，在实际英语写作教学中，当学生遇到需要讨论的话题时，不知从哪里入手，找不到切入点。在英语教师布置写作任务时，学生不能独立思考，不知如何下笔，没办法表达出自己的想法。大学生本应具备一定的思辨能力，但是在多年的应试教育影响之下，学生思辨能力却如受到限制一样，不仅难以提升，也难以发挥。

2. 大学生的认知对思辨能力现状的影响分析

大学英语写作教学的目的是培养学生的独立思考能力。受教师教学方法和学

生自身学习方法的影响，当遇到问题时，学生对英语的认识仅仅停留在问题表面，而忽视了问题的本质，直接导致学生无法独立思考问题，没有自己的想法，可以理解为学生认知不够导致思辨能力难以提升。

3. 大学英语课程设置对思辨能力现状的影响分析

目前的英语课程设置中，很少设有专门培养学生思辨能力培养的课程。思辨能力本可通过专业的引导与教学培养形成，但因课程设置方面存在问题，学生无法通过后天学习逐步培养自己的思辨能力。在英语写作课程中，教师可以通过写作思维的锻炼与培养，帮助学生形成思辨思维，培养学生的思辨能力，但在英语课程设置中，写作教学的课时并不多，而且主要目的是应付考试，对其重视程度不够，这也导致学生思辨能力的培养被忽视。在实际英语写作教学中，有很多教师也未将自己的精力和时间全部用在写作课堂上，只是让让学生通过背诵经典语句和优美文章来提高写作能力，虽然这种方式可以让学生在写作中用词更加华丽，但却扼杀了学生的思辨思维与能力的养成，由此导致学生的思辨能力难以在写作学习中得到培养。

（二）大学英语写作教学与思辨能力培养途径

1. 提高英语写作教学的比重

英语写作教学是为了提高学生的自主思维能力，培养学生的思辨能力，而不是应付考试。学校应该提高对写作教学的重视程度，将重点放在对学生思辨能力的培养，并在实际的教学中进行实践，彻底改变高校英语写作教学现状。学校的英语课程教研组应针对学生的实际情况，研究并开发出适合学生的写作教材，将思辨能力培养作为教学目标。对于英语写作课程，学校在制订英语课程计划时，要将写作教学单独拎出来，增加写作教学课时，给教师留出充足的教学时间，让学生和教师都认识到英语写作中思辨能力培养的重要性。在英语写作教学中，英语教师要让学生得到充分的练习，并对学生做出引导，启发学生，进而培养学生的思辨能力。

2. 改变传统的英语写作教学方式

在以往的高校英语写作教学中，关注点是英语写作教学的结果，比如书信、发言稿等。英语教师关心的是写作结果的语法准确性、是否与主题相关。英语教学以模仿为主，根据教师给出的句子示例，学生将句子进行扩展或复制。在这种写作教学模式下，英语教师关注的重点是学生写作结果的语言正确性，而不是文章的思想和逻辑。学生关注的是写作成绩，而非写作过程。在这种教学方式下，传统的学校英语写作教学方式缺乏对学生思辨能力的培养。因此，写作教学应将关注点从英语写作的结果转向英语写作的过程，重视教学过程中的实时反思，给予学生充足的时间用于写作准备和写作修改。学生可以利用网络资源，通过图书馆查阅与教师布置的写作题目相关的资料，精心整理，参考资料并形成自己的观点。利用线上和线下结合的方式，更有助于学生思辨能力的培养（图3-2-1）。

图 3-2-1　线上线下结合的教学方式

此外，英语教师在写作课堂上应多让学生参加"Brainstorm"活动，通过参加活动多思考，锻炼学生辩证思维的能力。教学方案设计，如表3-2-1所示。在英语写作课堂上，通过多种活动为学生提供培养思辨能力的机会。鼓励同学在完成作业后，进行互相评阅，在分析其他同学作业的同时，也是锻炼自己思辨能力的机会。在互相评阅的过程中，学生可以面对面、自如地交流彼此的观点，有助于减轻学生的学习焦虑。如果有优秀文章，可以将优秀文章分享给大家，让大家在提高英语写作水平的同时，学习别人的写作思维。在英语教师对学生写作任务的评阅中，教师不应该只是给出学生的写作成绩，而是应该在关注学生作文的语言质量的基础上，对学生的写作思想和写作逻辑给予充分关注，并且要给出有针对性的、具体的评语。

表 3-2-1　教学方案

序号	英语写作教学环节	英语写作教学方案
1	英语课堂讨论	Brainstorm
		分小组辩论
		演讲
2	小组成员合作	搜集写作资料
		互相评阅
		优秀文章分享

3. 加强英语教师专业发展和思辨能力的培养

在英语教学中,目前虽然倡导的是以学生为主体,但在实际英语教学中,大部分的时间仍由英语教师主导,所以英语教师还是占主导地位。要想在实际写作教学中,提高学生思辨能力,英语教师的专业能力和个人素质是关键因素。以前培养的英语教师虽然英语技能水平较高,但思辨能力不足,教学中问题不断。在启发学生的过程中,英语教师的视野决定了学生的学习视野,教学内容也和教师的视野有关系。因此,英语教师在专业发展过程中,要提高自身的思辨能力,要主动了解思辨能力,掌握思辨能力的培养方法和技巧,针对培养思辨能力阅读大量的资料,进而扩充自己的知识储备。在提高自身思辨能力之后,利用自己足够的知识储备拓展自己开阔的视野,在此基础上对学生进行英语写作教学,并不断培养学生的思辨能力。

4. 转变英语考试写作命题的方式

大学英语等级考试是学校和学生十分关注的英语考试重点,英语写作教学也受到影响,导致英语教师在英语写作教学过程中,受到考试命题的限制,所教授的写作内容多数与英语考试命题相关,学生不能自由发挥。学生在考试压力下,缺乏独立思考,而是热衷于学习所谓的为应付考试而形成的英语写作模板和技巧,进而导致思辨能力难以提升。这也使得大多数学生的英语作文毫无新意。因此,要改进学校英语考试的命题方式,使其能够有助于培养学生的思辨能力。写作题目必须能够为学生发挥自己独立思考的能力创造机会。

四、专门用途英语内容对思维能力的提升

(一)信息概括能力

学生如果希望自己能够胜任专业学习或研究的话,必须掌握阅读英语专业文献、获取主旨大意的本领。朱智贤等认为,信息概括具有两个特征,其一是在思想上将具有某些共同特征的许多事物结合起来,其二是将某种事物已经分出来的一般的、共同的属性和特征结合起来。信息概括能力就是对各种信息的本质特征进行综合和归纳总结。阅读文献时,需要强调语篇模式、抓住主题句。ESP 中科技文章的逻辑性非常强,显著的特点是作者在叙述时围绕主题句或是某些关键词展开,这些主题句要么是问题的结论,要么是所述问题的关键点,作者通常采用演绎或归纳的方法进行论述,思路明显。学生在学习中要学会抓住主题句或关键词,段落主旨大意基本上就清晰明了。同时还可以注意到,有些关键词句甚至就

是文章中各个部分的小标题。将这些小标题连在一起，整篇文章的主旨大意一目了然。这些小标题，如同电子邮件中拟定的 Subject 一样，可以看作是主题句的异化，更可以看作是对主题句的精加工。面对信息社会的迅猛发展，人们需要省时高效而快速读取各类科普文章的重要信息，所以 ESP 学习中，学生需要加强阅读量进而训练信息概括能力，对提高阅读效率具有积极意义。信息概括能力对于学生日后工作中阅读文献及各种说明书大有裨益。

（二）信息转换能力

信息转换能力在语言实践中扮演着重要角色。ESP 中的专业文献、书籍，突出的特点是大量借助图表、结构图或公式进行讨论、说明或者精辟总结，这些内容也是作者讨论的核心点。信息转换表现为学生要将这些公式、结构图、图表等非文字信息进行口头或书面陈述汇报、演示或讨论。教师可以根据篇章内容提供的不同图形，要求学生在图上划出篇章图形所述内容，之后要求学生根据自己的理解口头陈述。学生需要以有序的方式、条理清晰地对其具体细节进行逐条描述和解释。在信息转换过程中，学生的记忆能力也能够得到很好的提高。当然在信息转换过程中还要强调主题句统领主题的重要性。学生在撰写摘要时，需要大量引用文献中的句子或段落，学术规范的相关条例中有明确规定不允许大量引用原文，所以学生必须学会 paraphrasing 改写，将所需要引用的文献进行重新组织加工，用自己的语言加以表述，做到合理引用。从词汇的替换、短语的替换到句法结构、表达方式的转换，学会应用各种转换方法来改写所要引用句子的能力。信息转换思维能力因学习这种实用性和针对性较强的 paraphrasing skills 而迅速提高，真正达到了"学用结合、学以致用"的效果。信息转换需要多种思维能力参与，尤其是记忆能力，需要借助记忆能力进行信息转换。ESP 学习中加强这方面的训练有助于促进学生信息转换能力和记忆能力的提高。随着"一带一路"的推广，毕业生将有更多的机会参与建设，信息转换能力有助于他们在国际论坛或会议中更积极地与他人沟通与交流。

（三）批判性思维能力

批判性思维能力是思维能力的又一重要组成部分，也是一种良好的反思性思维，具有怀疑、分析和批判的本质特征。提高学生的信息鉴别能力和价值评判能力，以及树立社会主义核心价值观，都要求加大培养批判性思维，使其在数字化和多元化时代能够坚定地理性地追求真理、弘扬真理。在数字化、自媒体时代，海量的新知识、新信息中充满了各种问题或疑问，需要学生做出分析、判断、选择和决定，如果不懂得如何判断各种媒体宣传和专家提供的新知识、新信息的真伪和质疑其可靠性，无法正确了解信息反映的真正意图的话，就会丧失驾驭信息的能力，就无法准确认识事物的本质，无法在激烈的竞争中保持清醒的头脑、做出正确的判断。如果能够很好地搜寻证据，掌握比较全面的信息，不做超出事实的判断，而且愿意听取不同观点并校正自己观点、并作一番基于理性的推理（reasoning）和基于证据（evidence）的思考以减少思想上或行动上犯错误的可能性的话，则有利于培养批判性思维能力。大学生需要学习辨析和评判不同文献来源或者不同媒体宣传的同一信息的真伪和可信度、推断和分析作者意图和态度或是言外之意等，教师挑选出 ESP 中反映不同思想、观点和态度的文章放在一起让学生联想、分析、讨论，激发学生积极思考、深层思考，是一种思维方式和思维技巧的精粹。在思考质疑已有的思想、观点或是结论的基础上，学生可以较准确、深刻而全面地透过事物现象认清事物本质。董毓认为，借鉴国外培养批判思维的经验，除了对学生进行专门的思维训练之外，可以让学生参加科研项目或参加相关论坛等方式进行，或是通过课堂教学的方式对学生的批判性思维能力加以培养。在 ESP 学习中，将学生分组、根据主题展开讨论他们感兴趣的、可以探索的问题，选择真实的、具有开放性而又有争议性的文章、并且需要进行大量阅读和参考相关文献、引用他人观点来支撑自己观点的问题供学生探讨。要求学生结合社会现象与个人经历，去挑战和质疑文中观点、甚至质疑和挑战文章反映的人生观和价值观。在这一过程中，教师可以给学生提供某些"支架"帮助，比如给学生列出不同的理论框架、不同的研究方法、不同的文化视角，供学生讨论所要探究的观点和结论是否站得住脚，提醒他们从多角度、多层面寻找、发现、验证它们之间的区别与联系，阐述自己的观点。学生在比较信息的来源渠道时，可能得出的结论或领悟的知识点深度、广度都有不足，但是只要他们愿意思考、学会思考而且能够主动思考，思维的能动性被调动起来的话，就有利于批判性思维能力的培养。这种思维能力不仅终生难忘，而且在今后的学习中能够举一反三，进而成为一种行为习惯。Kong 等研究认为，在大学阶段，如果学生学会适度挑战权威、适度挑战学术内容和开展具有一定深度、广度的认知互动将是提高英语水平的关键。这种基于问题，思考、质疑而做出明确判断的学习方法，不但提高学生语言技能，拓展学生知识面，而且对发展学生批判性思维能力具有重要意义。

（四）解决问题能力

美国学者斯腾伯格认为，最适合思维的教学，是基于以思维为基础的问答策略。教学问题的设计中，教师对于口头和书面问题的精心设计是发展思维的最有效手段。不提供现成答案的、开放的、需要学生运用个人或集体智慧积极主动参与才能够回答的问题，很多这样的问题就是发展学生思维技能的好问题。郭宝仙等认为，许多国外教科书为了激发学生的积极思维、发展学生的语言交际能力，教科书编写者都设计了众多解决日常生活中真实问题的活动。ESP 教师可以加以借鉴，通过个人或集体智慧，以开放性问题对教材内容进行拓展或是再次改编，将教材上的简单陈述性问题改编为开放性问题，促进学生积极思维、进而解决问题。杜威认为，思维是由"难题和疑问"引发的。学习者"手头掌握的数据不会提供解决方案，它们仅仅能够给人启示"。而正是由于需要获取解决问题的方案，才维持和引导着问题解决思维的整个过程。

第三节　英语教育教学中促进学生思维能力发展的策略

一、英语教育中思维能力培养的现状

（一）部分学生对英语学习兴趣不高

当前，许多大学生对大学英语的学习兴趣与学习热情不高，处于相对懈怠的状态。导致这种现象的主要原因在于大部分高校在开展英语教学的过程中没有激活和唤醒学生的独立思维意识。教师习惯采用灌输式的教学模式，学生更多时候都是坐在讲台下被动接受教师的知识灌输，一方面，容易导致高校英语课堂教学氛围越来越枯燥，不断降低学生的学习兴趣；另一方面，也不利于学生就相关知识内容进行深入思考和独立探索，缺乏思考与辨别的过程，思维能力得不到提升。

（二）英语教师教学模式较单一

在传统的高校英语教学中，大部分英语教师由于受到学校评优制度及科研压力等外部环境因素的影响，往往习惯于采取"一刀切"的教学模式。无论是何种教学内容或何种学生群体，都采取单一不变的教学活动和教学手段，长此以往，很容易导致学生逐渐丧失学习英语的积极性和主动性，会在一定程度上降低学生

的英语综合能力和综合思维能力。

（三）学科能力测评体系单一化

通过相关调查研究可以发现，大部分高校英语学科的测评体系都存在一定的缺陷和问题。很多学校进行英语学科评测的方式过于单一，仅仅依赖传统的卷面考核形式很难实现对学生英语水平及综合能力的全方位考察，也不利于充分展示学生能力。此外，大部分高校所采取的英语评测内容相对比较浅层，英语测评内容过于简单，无法起到有效的考察作用，也不利于激发和调动学生的学习动力。

（四）缺乏对英语思辨创新创业思维的培养

1. 教学层面

英语思辨创新创业能力培养是一种教学理念，因而首先要从教学层面发现问题解决问题。

（1）教学资料缺乏

英语思辨能力培养，要求英语教学上升到高阶语言技能思维层面进行教学，而传统的英语教材，尤其是非英语专业的英语教材，仍以语言本身为最主要教学内容，强调词汇、语法、句型等语言的基本技能层面，鲜有针对思辨层面进行训练的课本。导致教师无教材可用，即便想要开展英语思辨创新创业能力训练，也很难找到参考资料，无从下手。

（2）师资薄弱

目前，相当大一部分高校教师对英语语言教学还保持传统的教学习惯和模式。在英语语言教学中，书面类任务强调如单词拼写、语法正误、句型难度等单纯的语言技能，很少从整体篇幅去训练学生的整体构建、分析推理能力；口语类任务仍停留在语音语调、词汇语法、流利度等层面，对整体语义、信息是否有效传递、是否能够阐明自己的观点和立场不做考察。归根结底，是因为教师本身没有接受过英语思辨能力训练，所接受的英语教学就只有浅层语言训练。这就很难要求教师在英语教学中将思辨能力作为教学目标开展实际操作。

2. 学生层面

英语思辨创新创业能力培养是一种教学理念，学生作为其中非常重要的参与者，亦存在一些问题，使其无法长期坚持实现能力提升。

（1）学习目的功利，不能长期坚持

英语思辨创新创业能力培养是一种新的教学理念，与传统英语语言教学有一定差异，这就造成英语思辨创新创业能力培养的实践考核方式与现实中传统英语语言考核方式不同。英语思辨能力，多以英语语言创新创业竞赛和其他相关活动为主要实践考核方式。很多学生在相关竞赛活动中无法取得名次，或者不能换取学分，就放弃了英语思辨能力的学习和训练，继续针对传统的语言类考试（如四六级）等进行学习，因为传统的英语语言类考试成绩提高相对容易，且在奖学金评比、求职等方面有一定帮助。然而学生却看不到经过英语思辨创新创业能力训练后，对入职后工作能力和社会适应能力的提升。

（2）对语言学习认识不足

教学层面大部分教师重视英语语言本身，大部分学生对英语语言学习的认识亦停留在英语语言的浅层技能上，即英语的语音语调、词汇拼写、语法句型等。再加上进入高校之前，在高考、中考的"指挥棒"下，英语语言学习一直以考试为导向，不注重实际应用，导致学生在学习中无意识地忽略语言的交际功能，不能专门刻意学习语言的信息传递功能，对语言中的信息也就做不到甄别、评价，自己输出的语言也就无法实现阐述、论证等高级层面技能。

（3）知识储备有限，无法展开深入性分析

思辨能力由思辨能力和认知技能两个维度构成。这就要求学生有足够的阅读量和相应的知识积累，才能在当前海量信息中做到"尊重事实、谨慎判断、公正评价、敏于探究""能对证据、概念、方法、标准、背景等要素进行阐述、分析、评价、推理与解释"。然而，长期的应试教育，学生基本以考试为导向，更多关注与考试紧密相关的教材，课本以外的知识鲜有涉足，缺乏广泛阅读的习惯。各类考试常以标准答案为导向，学生缺乏对信息进行反思或者开展批判性思维活动的习惯。综上三点，学生在实际学习英语语言时，仍使用死记硬背单词语法的学习方法，不考虑语义与语言的交际功能。又因知识储备不足导致其无法进行深入性分析，拿到话题便无话可说。再加上英语语言学习的功利性，很难长期坚持英语思辨能力学习与训练。

3. 实践考核层面

在创新创业教育中融合英语思辨能力培养，训练学生思维与认知技能两个层面的能力，但这种思维与认知能力在实际英语语言教学中较难考核，缺乏一定的实践平台。

（1）实践平台少

结合创新创业教育的英语思辨能力培养，属于语言的高阶层面训练，不强调语音语调、拼写词汇、语法句型等，具有一定难度，若考虑到教学班的整体语言水平，在日常英语教学中开展难度较大，因而传统课堂尤其是非专业的大学英语教学中，英语语言实践活动仍停留在语言的基本技能层面，很难从思辨层面开展训练。有进一步提升需求的学生就只能在课堂之外寻求实践机会。

（2）考核难度大

结合创新创业教育的英语思辨能力培养，目标是培养一种思维层面广泛的综合性能力，比较难以具象化，考查难度较大。目前考查英语语言能力的各类活动，如考试等以选择题、判断题、填空题为主，亦停留在对语言的基本技能考核层面。语义思维层面的高阶能力考查，需要学生自主构建或者解构一定篇幅的文章，大部分学生日常完成两百单词的英语作文都并非易事，完成一定篇幅且逻辑严密的文章或发言难度过大。

二、以英语精读课为例促进思维能力发展的策略

高等教育阶段的英语教学不仅应培养学生运用英语进行人际沟通的能力，更应培养他们运用英语获取知识、分析问题、解决问题、创新创业的能力。我们接下来以英语专业精读课教学为例，探讨以思辨能力为导向的语篇输入—启发思考—思维碰撞—观点形成—反思与评估的创新思维培养路径。

（一）启发思考

精读课的输入是从文本阅读开始的。阅读其实是一个双向的过程，是读者与文本、作者对话的过程。精读课每个篇目都围绕一定的主题，如语言本质、文化内涵、人际互信、情感理性等，这些主题通常以说明文和记叙文的体裁呈现，在阅读的过程中要辨别所述观点是否合理、判断推理是否可靠，分辨是事实还是偏见。精读教材都有配套的思考习题，这些题目对文本进行全面的解构，引领读者对文本进行深入思考，从而建构自己的思维倾向和观点。通常来讲，文章的主题、课后的预热题、理解题、批判赏析等都需要学生在预读文本时进行思考，其中涉及对作者观点的审视、推理过程的考察、理论知识的应用、历史发展的考量、未来发展的预测。这些思考有的源于教材所提的问题，有的源于教师导读时的启发，对学生文本加工都起到了深化的作用。在阅读过程中，学生时时与文本和作者进行对话，探寻相关的时代背景、知识体系等，同时有感悟、体验和思考。以"语言本质"涉及的语言变体为例，学生在教师引领下得出语言会因模态、媒介、语境、地域、职业等因素产生不同变体的结论，他们在列举的过程中就会针对不同的语言变体进行多层面的细化。作为新媒体语言重要用户的大学生群体已经拥有

了自己的群体性微语言，他们基于日常观察归纳出了这一社会语言变体的地理、心理、环境和媒介制约因素。

（二）思维碰撞

已有研究发现，提升思辨能力最有效的方法是小组学习。同伴之间年龄相仿、经历相似、语言贴近，更能接受彼此的提问、反馈。为了寻找和检验假设，探寻新的视角，美国著名教育家布鲁克菲尔德在课堂上经常采用情境分析和批判会话活动的方式，以同伴之间的互动和交流助推思辨能力的锻造。笔者在教学时经常采用线下和线上相结合的方式，给学生提供思维碰撞的机会以实现社会性学习，构建更完整的知识体系，形成合乎逻辑的思考能力。在互动和协作的社会学习过程中，同伴能够给出及时反馈，发挥评判的功能，促进思考深化。线下讨论。外语专业精读教材多以语言学、哲学、社会学领域的科普读物和短篇小说为文本，承载了较多的内容，预设较高的语言水平。其中各学科的专业知识通常以范式性假设为基础，而小说的情节中因果假设比较显见。大学生的认知能力和背景知识使得他们对问题有自己的理解。为了取得对于相关议题更全面、更深刻的认识，通常会针对有争议或有启发的话题设定小组讨论环节，在课前发布讨论题目，学生在预习过程中会梳理自己的想法，通过小组线下讨论交流彼此的认识，每一位参与者能从其他人的贡献中取得新的收获。在课上对小组讨论结果进行汇报之后，各组可借鉴其他组的视角和观点，课后学生在作业中综合各方观点撰写报告，形成看问题的不同层面和多维视角，权衡与问题相关的证据和事实，遵循逻辑关系做进一步梳理。线上互动。数字信息时代，学生习惯借助新媒体在公共场合发声，在微平台发布信息和讨论。针对学生表达的愿望，在每一单元开课前教师在学习通的讨论区发布链接和相关话题，每位学生就自己感兴趣的话题发布观点，在其他同学的发帖下回应，进一步阐述自己的看法和提供证据。网上回贴属于笔头交流，发布者有更多的时间思考和理顺逻辑关系。网络交流如同其他书面语言一样具有清晰的特点，可以保证思维的质量和讨论的效果。学生在这样的互动中能够综合考量一件事情的不同方面，给参与者拓宽看问题的视角，带来的是更成熟、更全面及更新的认识。

（三）观点形成

在对设定的议题进行思考的过程中，学生基于对事实和相关证据的掌握形成一定的倾向，这种倾向在与同伴进行碰撞的过程中得到认可或者反驳。虽然没有明确的结论，但是在其后对讨论过程和结果进行梳理的过程中，教师会建议他们综合考量文本依据、同伴观点及自己的信念。笔者采取布鲁克菲尔德的方法，请每位学生在讨论后的梳理过程中写下每一方的倾向及支持这种倾向的事实和论据，在此基础上明确自己的观点，以此激发他们的创新思维。在学习目标与表达的内容时，批评与欣赏都是批判性思维必不可少的部分。例如，在有关女性形象与女性隐喻的议题中，有学生提出女性形象中的物化现象，经过讨论发现，中西方女性形象存在差异，学生以此为切入点探讨形成差异的文化、国别、地区、年代、教育背景、阶层、家庭背景等因素。在综合考量不同因素和群体之后，发现特定国家的女性形象也并非一成不变，上述变量在任何一个国家的女性身上都发挥重要作用。在形成以上共识之后，学生对女性形象进行细化，在时间维度上关注一个国家女性的形象变迁，在空间维度上关注不同国家和一个国家内部不同区域女性形象的差异。思辨能力背后不可或缺的是对待新知识的开放态度和倾向，学生能够评估他人观点，从新的维度进行思考，对已有知识及新信息进行融合从而形成新的观点，这一过程就实现了观点的创新。

（四）自我评估

英语专业课程由专业基础课、专业技能课和相关专业知识课组成，教学过程中这些内容融为一体，语言是专业知识的载体，语言学、文学、社会学、哲学等知识以文本的形式呈现出来。精读课上，学生针对初始话题和议题汇集相关的证据，再经由分析形成观点，在这个过程中，思维活动是在潜意识层面进行的，在辩论等互动中外显。即便是这样，某些前提是否存在，推理是否合乎逻辑，得出的观点是否有说服力都不甚明了。而事实上，提出假设、进行检验的思想被大部分人当作科学推理的最高点，因而在思考之后进行自我反思和评估是非常重要的。批判性思维的渊源之一是实用主义，实用主义提倡质疑过去的解释中隐含的假设并检视这些解释背后的标准、解决的办法及由此形成的自我形象。在进行思考、讨论、汇报、撰写报告之后，通常会安排学生自我反思和评估的练习，让他们以文字的形式对观点及其依据进行梳理，就讨论过程中几种不同的观点及其前提、假设和结果绘制思维导图。在这个过程中，学生要自我反思和评估形成假设的前提以及形成观点的依据，同时，对他人的观点及其前提和基础形成进行追问，真正弄清楚观点的依据及可靠性。自我反思和评估是监控的过程，也是思维质量的保证。在以语言作为英语专业基本能力和其他学科知识载体的前提下，以教师设问为基础，经由课前学生线下讨论、线上书面讨论和回帖评论，以及课上小组汇报实现思维碰撞，形成自己的观点并撰写报告，这一过程并非线性的和终结性的，而是在形成观点之后由学生对自己以及他人的观点和证据进行反思和评估并绘制思维导图，对自己以及他人观点形成的前提及推理方式进行考量，以确保思维的质量和可靠性。

第四章 英语教育教学与信息技术的融合

本章针对英语教育教学与信息技术的融合展开论述，围绕三个方面进行阐释，依次为英语教育教学与信息技术融合的内涵、英语教育教学与信息技术融合的策略、英语教育教学与信息技术融合的意义和价值。

第一节 英语教育教学与信息技术融合的内涵

一、信息技术的概念

信息技术是当今社会人们无时无刻不在接触到的一类物质，毫不夸张地说它在人类的生产生活中都有着非凡的价值和意义，通常是需要借助文字、数字、符合、图像等具体的表现形式，记录着人类在生产生活中发生的事情。面前，对信息技术的定义也可以分为广义和狭义，本文所指的信息技术是指信息与通信技术，采用微电子为基础，通过远程通信技术和计算机技术相互结合的方式，获取和处理、储备、发送声音或者图像和文字的信息技术。就本文而言，信息技术一方面是电子技术、数字技术、计算机技术、通信技术等的综合支撑，不仅仅包含多媒体教学时所使用的多媒体计算器、电视机、投影仪等，还包括在实际教学过程中多媒体环境经常用到的计算机、电子白板等等。

二、英语教育教学与信息技术融合的背景

2017年，党的十九大报告中明确提出"办好网络教育"。2018年，《教育信息化2.0行动计划》提出到2022年基本实现"三全两高一大"的发展目标。2019年颁布的《中国教育现代化2035》的第八项战略任务便是"加快信息化时代教育变革"。2018年，《高等学校人工智能创新行动计划》为进一步提升高校人工智能领域科技创新、人才培养和服务国家需求的能力提供了指导。2019年，《教育部

等十一部门关于促进在线教育健康发展的指导意见》为促进在线教育健康、规范、有序发展提供了指导。

经过多年来的探索与实践，现代信息技术对教育的革命性影响已初步显现，但与新时代的要求仍存在较大差距。这些差距主要表现在：现代信息技术学习环境建设与应用水平不高，教师现代信息技术应用能力基本具备，但现代教育教学创新能力尚显不足，现代信息技术与高校英语教学深度融合还不深入，科学研究与实践人才仍然欠缺。新时期，高校英语教师应当把现代信息技术与高校英语教学科学融合作为一个信念、一种担当，要全力以赴地积极参与到现代信息技术与高校英语教学科学融合的实践中。将现代信息技术理论与促进英语教师专业化发展实际紧密相连，在英语教育实践中求得真知，积极推进现代信息技术与高校英语教学科学融合。

三、英语教育教学与信息技术融合的思路

信息技术与高校英语课堂进行融合就是在英语知识的讲授中将现代化信息技术融入课程中，将信息技术与英语知识结合起来。这是一种全新的教学形式，能够紧跟时代发展的需求，充分考量高校英语课程的特征，运用信息技术为学生传授知识，让学生在充满信息技术的场所中进行学习，帮助学生掌握各类现代化知识，用直观、形象的方式来进行学习，这样，学生对英语的学习也会变得更有兴趣与热情。从"融合"这个层面看，首先，教师应该充分了解融合的特征，不只是将以往板书中的知识转移到信息技术中，更需要教师不断提升自己信息技术的运用素养。在信息化时代，资源都是共享的，网络中的虚拟课程也应运而生，对于教师的各项能力提出了新要求，教师要把握好教材内容与教学目标，还应该运用好信息技术。最后，信息技术可以为学生提供足够的学习素材，加强对学生的监督与指导。

四、英语教育教学与信息技术融合的优势

随着现代化信息技术的不断发展，传统英语教学模式已经无法适应新的教学要求，因此需要在英语教学中融入信息技术的应用，把信息技术的优势发挥出来，创新英语课堂教学方法和教学手段，有效提升课堂教学效率和教学质量。

（一）实现学生的个性化发展

传统英语教学中采用的教学手段比较单一，无法真正吸引高校学生的学习兴

趣，也不利于学生未来的个性化发展。现代化信息技术的应用，能够有效提高高校英语教学质量。例如，可以采用文字、图像、声音等来丰富课堂教学资源，激发学生的听觉和视觉感官，为学生打造更加新颖和多元化的英语学习环境。班级中学生的学习能力参差不齐，教师可以结合不同层次学生的学习需求，设置难易度不同的学习问题，并在网络中随时调取教学资源辅助教学。这种更加个性化的教学环境能够调动学生学习的积极性，从以教师为中心转变为以学生为中心，培养学生的创造性思维，实现个性化发展。

（二）丰富课堂教学活动

结合信息技术开展高校英语教学，让高校英语课堂摆脱传统教学模式的束缚。信息技术能够达到英语课程的原情境真实模拟，让学生身临其境地感受英语知识学习。尤其是英语语音的学习，利用多媒体技术能够让学生快速掌握准确的发音部位，避免了传统英语课堂上教师反复示范学生反复练习但依然无法掌握的情况。可以说，语言教学离不开文化教学，而信息化教学手段具备独特的技术优势，能够在文化内容讲解上产生良好的教学效果。例如，在信息化英语课堂上，教师可以把各种自然和文化背景资料，生动地展示给学生，让学生身临其境地感受到西方文化的内涵和魅力。相比传统英语课堂，学生虽然掌握了一定的理论知识，但是由于缺少文化内容的配合，英语应用能力不足，或者是对内容一知半解，影响最终的英语教学质量。

（三）培养学生的交际能力

英语教学的目标不仅是给学生传授英语知识，更重要的是让学生能够自由地应用英语语言进行交际和交流。结合现代化信息技术的应用，教师能够为学生提供更加真实的英语交际环境，模拟出三维的交际环境来激发学生的沟通欲望，让学生能够积极主动地参与其中。从学生被动张嘴说到主动开口说，为学生提供语言实践活动，不断强化学生的口语表达能力。在高校英语课堂上，教师可以鼓励学生进行发现式学习、专研式学习、交互式学习，通过跟其他人的互动交流，表达自己的经验和体会，了解其他人的看法和意见，真正实现群体协作式英语知识学习，不仅能够加强师生、学生之间的沟通，还能够有效实现教学知识的内化，优化教学质量。

五、英语教学与信息技术融合注意事项

信息技术虽然能够推动英语课程变革，但也不是万能的，不能代替学生的学习及思考，更不能代替教师的作用，其只是课堂中的一个辅助工具。信息技术有利有弊，但教师的信息技术应用能力也会影响英语教学的效果，因此在平常的教学中，教师应该不断提升信息技术操作素养。教师将信息技术与大学英语知识结合起来，需具有较强的操作素养。学校对教师进行培训，及时更新教师的教学思想，将信息技术与英语知识融合起来，提升教师的创造能力和学以致用的素养。信息技术能够为学生提供直观形象的知识，完善学生对知识的认知。但是，教师还要注重对学生进行引导，让学生主动探究，积极完成课前准备、课中讨论、课后复习等环节，利用信息技术不断提高英语学习效率。教师在给学生讲授英语知识时，尤其是重难点知识时，应该不断拓展课程的深度，科学合理运用信息技术，将抽象知识具体形象地展现给学生，激发学生的学习热情。

第二节 英语教育教学与信息技术融合的策略

一、高校英语教学与信息技术融合的现状

（一）信息化教学的目标不够明确

近年来，我国高校在大学英语教学的过程当中普遍运用了现代信息技术，但是在技术运用的过程当中也展现出了很多弊端。受到技术方面的限制，大多数教师在使用信息技术的时候只是将其作为一种辅助性的工具，将注意力放在了信息化课程软件的使用上和 PPT 的制作与展示上。在教育模式的设计环节，现代信息技术的作用并没有得到充分发挥。同时，很多高校在教育评价机制当中并没有设定教师使用信息技术的标准，也没有将其作为评价的指标。在这样的情况下，教师在开展信息化教学的时候缺乏明确的目标，现代信息技术在及时性与高效性方面的优势也没有充分地发挥出来。

（二）信息技术利用不充分，教学方法单一

在大学英语的教学过程中，教师通常会按照教材所划分的单元来开展教学活动。在使用现代信息技术的时候，也只是将图片、声音及视频等元素按照教材的

要求进行简单的组合。在这个过程中，教师会根据教材的内容，基于信息化教学系统的辅助来完成知识的讲授，同时对课程的内容做出说明。在知识拓展和内容延伸方面还存在明显的不足。同时，对于英语单词、语法及口语等各个模块之间的关联性也经常被忽视。虽然现代信息技术手段得到了普遍的运用，但是教师所运用的教学模式和教学方法并没有随之进行更新，教师讲授、学生听讲的模式仍然占据主要的地位。在单一的教学方式下，学生的主动性无法发挥，课堂参与度大打折扣，长此以往甚至会对大学英语课程产生抵触的心理。

（三）信息技术运用中学生互动感低

在现代信息技术与大学英语深度融合的背景下，学生的课堂参与是一个重要的环节。在这个过程中，除需要一个使用信息技术的教师外，还需要一群主动基于信息技术来实现对话与交流的学生。但在实践教学活动当中，学生很少会对英语知识进行有效的探索，处于被动的状态，参与感和互动感都比较弱。在这样的背景下，整个英语课程没有形成良好的学习氛围，最终的教学效果也会受到影响。部分教师在制作多媒体课件、使用现代信息技术的时候，并没有充分考虑学生的实际需求，展示的学习内容、运用的教学方法都无法吸引学生的注意力，这是导致学生参与感弱的重要原因。在这样的情况下，学生与学生之间、学生与教师之间缺乏有效的互动，教学目标无法有效实现。

二、现代信息技术在英语教学运用中存在的问题

党的十九大为现代信息技术与教育的深度融合指明了新的目标，教育部启动的教育信息化 2.0 行动计划中关于"加快信息化时代教育变革"已经成为新时期《中国教育现代化 2035》的重要目标任务。为了推进现代信息技术在高校英语教学中的科学运用，我们对现代信息技术在高校英语教学中的科学运用的情况进行了调查。调查发现，现代信息技术在高校英语教学运用中还存在一些问题。这些问题主要表现在以下方面。

（一）过分强调信息技术的作用，忽视了教师的主导作用

现代信息技术辅助高校教学之后，有些教师让现代信息技术包办课堂教学，教师犹如一个电脑操作者或电影放映员一样。这种简单地以现代信息技术取代教师的知识和教法的操作方法是错误的。因为教育教学过程是一个和谐统一的教学互动的过程，有时候在教学的过程中会出现一些意想不到的新问题。教师

根据自己的学识与教学经验，可以及时解惑，可以根据具体情况对课堂教学进行相应的调整。而现代信息技术缺乏这种灵活性与人性化，无法做到具体问题具体分析。此外，教师不但是学生学习英语过程中的指导者，而且是学生情感的影响者。所以，再好的现代信息技术也无法替代英语教师与学生之间的互动交流。

（二）过于程序化，忽略了学生的主体地位

在高校教学中，科学发挥学生的主体作用是确保教学质量的核心。传统英语教学中教师可以根据授课情况改变自己的教学方法、教学思路与教学内容，传统教学具有一定的灵活度，而多媒体教学课件如果编排好了教学步骤就无法任意改编。因此，课堂教学犹如录像放映课一样，教师犹如"电影放映员"一样，这样学生的创新精神无法培养，主观能动性被大大遏制。英语教师的课堂教学被简化成了点击鼠标，学生的学习行为被限制在课件的范围之中。在英语教学讨论中，学生的创新思维却无法发挥作用，如果发现问题也无法及时处理。这种固定的、模式化的英语教学模式，严重忽略了学生的主体地位，这与素质教育是背道而驰的。

（三）过分注重形式，教学内容华而不实

因为现代信息技术可以使高校英语教学的内容更加丰富多彩、形象鲜明，所以有些教师一味地追求现代信息技术的教学效果，过多地运用图像、视频、音频。虽然教学课件的生动性、形象性显而易见了，但是教学的主题思想却模糊了，重点与难点也无法体现了。虽然在英语课堂中学生欣赏了许多丰富多彩的画面，但对所学的知识却掌握得不多。因此，运用现代信息技术要紧紧地围绕英语教学目的，有的放矢地进行英语教学，切不能以华丽的画面哗众取宠。

（四）盲目使用，英语教学效率无法提高

许多英语教师误认为，运用现代信息技术就是最先进的教学手段，用得越多，英语教学效果就越好。因此，高校英语教学中盲目地运用多媒体技术进行教学，忽视了传统英语教学方法的优势与作用，导致了教学效果事倍功半。虽然信息技术有着许多优势，但是却不能解决教学中所遇到的所有问题。在高校英语教学中，如果运用传统教学方法能够取得好的教学效果，就不要使用现代信息技术进行教学；如果教学内容中有难以表达的细节时，可以恰当地运用现代信息技术进行英语辅助教学。

三、英语教育与信息技术融合的策略

（一）建设现代信息技术的英语教学方式

近年来，网络与信息技术在英语教学中的应用正在发生翻天覆地的变化，"翻转课堂""微课程""混合学习""泛在学习"等学习模式，让"未来教室"越来越清晰地呈现在我们面前，也对广大教育工作者提出了各种挑战。拥有完善的信息化英语教育装备和现代信息技术的教学环境，是建设现代信息技术应用的基础。为了应对现代教育技术和信息化的挑战，积极适应英语教育教学改革工作的开展需求，高校公共教学服务中心作为承担全校公共教学基础保障条件建设工作的责任单位，要秉承"稳步推进，以用促建"的原则，用心思考，找差距，拓展思路，求创新。学校要为全体英语教师配备笔记本电脑，建设计算机教室、录播室，为现代信息技术在高校英语教育教学中的应用提供基础条件。实现教育教学的深层次改革与创新，助推大学生全面而个性化成长与成才，锻造基于研究、协作、奋进的教育优质团队，催生高校英语教育在人工智能和互联网大背景下的可持续发展。

1. 翻转课堂

（1）翻转课堂的内涵

翻转课堂也可以称为颠倒课堂，是基于教学理念的创新和课堂教学有效翻转提出的新型教学模式。在移动互联网信息技术广泛应用的背景下，翻转课堂教学模式的应用能将课堂教学与学生课前自主学习、课后训练巩固进行合理化翻转，使课堂教学转变为师生共同解决学习问题的场所，学生对知识的探索集中在自主学习方面，并且在翻转课堂教学模式的辅助下，英语教学不再局限于课堂内，而是向学生的生活延伸，为学生开辟更为广阔的空间，突出学生在英语学习中的主体地位。因此，在全面促进大学英语教学改革的过程中，教师要有意识地针对翻转课堂教学模式的构建和应用进行分析，在教育改革活动中有目的地促进理论教育和实践指导的多元融合，提高教学组织发展成效，对学生的英语综合素质实施合理化训练，力求在翻转课堂教学模式的辅助下将学生培养成为应用型高素质英语人才。

（2）大学英语教学中翻转课堂的实践应用

①发布课前任务，指导学生自主学习

在翻转课堂教学模式下，课前学生英语自主学习成为英语教学的核心环节，教师为了能帮助学生养成良好的自主学习习惯、掌握英语自主学习技巧，在教学指导环节就要结合英语教学内容和教学目标的要求发布课前教学任务，突出课前学生自主学习指导的针对性，从而提高翻转课堂教学综合效果。教师在针对课前学生自主学习任务进行设计和规划的过程中，要注意联系学生的生活实际，针对不同层次学生设计差异化的英语自主学习引导主题和任务，引发学生从不同的角度进行思考和探究，在不断完成任务的过程中形成对大学英语知识的系统认识，从而提高自主学习综合效果。例如，教师在组织学生对 Business Correspondence 方面知识内容进行学习的过程中，在课前任务的设计方面，教师就可以尝试从指导学生自主学习的角度，发布具体的教学任务。例如：了解不同类型的商务信函，请求建立商业关系信函与回复对方建立商业关系请求信函；请求担任独家代理信函与拒绝或者同意对方担任独家代理信函；借引荐建立业务关系信函、邀请参观贸易展览会信函；等等；明确不同商务信函的英语写作要点，掌握英语写作技巧；能结合教学课件展示的商务活动情境，尝试确定英语商务信函的类型，并结合课件中获取的商务活动信息尝试撰写英语商务活动相关信函。在教学任务的辅助下，学生在课前自主学习环节能掌握英语自主学习的要点，并且在学习任务的驱动下，还能逐步增强英语自主学习的针对性和有效性，促进学生对英语课程知识进行系统的探索，从而强化学生的英语知识实际应用能力，真正践行将学生培养成为应用型人才的目标，使其在毕业后能为我国国际事业的发展做贡献，助力经济社会的稳定发展。

②创新课堂讲练，解决学习关键问题

在翻转课堂教学模式下，高校英语教学出现了变化，课堂教学转变为讨论和点评的平台，并且通过课堂英语教学活动的组织实施，教师能帮助学生解决在课前自主学习环节遇到的问题和困惑等，促进学生有效参与英语学习和交流，逐步解决在学习实践中遇到的各类关键问题，从而提高英语教学效率和效果，在教学实践中对学生实施针对性教育和指导。其一，组织学生讨论交流，解决学习困惑。学生在参与大学英语学习过程中，由于能力有限，在自主学习和探索环节往往会遇到一定的困惑，因此在课堂讲练环节，教师可以先组织学生结合所学知识进行讨论和交流，分享自己在自主学习环节获得的心得体验等，在互相讨论和帮助中解决在学习过程中遇到的困惑，在良好的教学氛围中增强学生的学习体验感。例如，在基于 Interview English 开展教学活动的过程中，学生在自主学习环节往往会遇到无法准确获取面试官问题信息并准确回答面试问题方面的学习障碍，教师在教学讲练环节组织学生进行沟通和交流，学生能分享自己在获取面试官语言信息、有效组织语言方面的经验教训，可以帮助学生解决遇到的困惑，也能加深学生对这方面知识的理解和掌握能力，从而逐步提高教学组织活动的综合效果，使学生的英语自主学习能力和合作探究能力获得针对性训练。其二，情景对话与角色扮演，激活学生体验。大学生已经具备一定的英语学习能力，对英语知识的理解也相对较为深刻，学生在经过自主学习和合作探究后，无法有效处理的问题一般具有一定的抽象性特征，需要教师在教学中创新教学方法，对学生实施针对性指导，从而帮助学生对英语课程中相关英语知识进行系统的学习，在培养学生良好英语学习兴趣的前提下，优化教学指导的综合质量和水平。例如，在 Interview English 教学活动中，针对学生在面试英语学习方面无法短时间内有效组织英语语言的情况，在课堂教学指导环节教师就对课堂讲练教学组织模式进行改进和创新，为学生设定特定的 Interview English 语言环境，然后在模拟环境中引导学生结合所学知识参与情景对话和角色扮演活动，能在虚拟面试空间中锻炼学生获取面试信息并准确表达自己语言的能力，为学生提供英语知识实践应用的良好平台，从而解决学生在英语学习中的困惑。在翻转课堂教学模式中，教师能在课堂教学实践中为学生搭建良好的沟通和交际平台，也能帮助学生解决关键问题，对学生实施英语语言表达能力方面的教育和指导，从而优化创新教学效果，促使高校英语教学改革能展现其价值和作用。

③课后自主训练，强化独立学习能力

课后自主训练是英语翻转课堂教学模式的重要组成部分，教师在应用翻转课堂探索教学模式的改革创新后，按照英语教学需求，以及培养学生英语专业素养和职业能力的现实需要，不仅要在课堂教学中对学生实施有针对性的指导，还要在课后为学生搭建巩固训练的平台，使高校大学生能在信息化学习、训练平台上按照自身实际情况选择相应的训练项目，巩固自身英语学习能力，对学生的独立学习意识和学习习惯进行合理化的培养，从而促使学生掌握英语专业技能，提高教学活动的整体水平。如此才能更好地发挥翻转课堂教学模式的应用优势，多渠道对学生实施多元化英语教学训练，提高学生的跨文化交际能力，切实强化学生的英语综合素质水平，为他们未来职业发展提供良好的支持。

2. 混合式教学

（1）混合式教学的理念

混合式教学的概念是由国外学者首先提出的，他们一致认为混合式教学是基于互联网技术的多种教学方法的混合，以实现特定的教学目标及产生理想的教学效果。混合式学习就是要把传统学习方式和网络化学习结合起来，使二者优势互补，获得最佳的教学效果。他特别强调学习方式的结合，以及在教学活动中教师和学生的角色定位。总的来说，混合式教学模式是指把传统课堂教学与网络在线学习相结合的一种教学模式，它是将所有的教学资源和教学要素有机融合，实现优势互补的一种模式。国内外学者一致认可混合式教学是面授教学和在线学习的混合。混合式教学模式既保留了传统课堂师生面对面的教与学，又满足了学生个性化学习的需求；既强调了学生的主体作用，又不忽视教师的主导作用。真正体现了"以教师为主导，以学生为主体"的教学理念。

（2）混合式教学的优势

在传统教学模式下，由于课堂时间十分有限，班级学生人数较多，教师很难针对每个学生进行听、说、读、写训练，而学习英语需要通过大量的、反复的训练才能完成。混合式教学模式能够弥补这一不足，教师可以在学习平台上发布学习任务，推送各种学习资源，实现课堂教学的延伸。网络打破了学习时间和空间的限制，学生可以随时随地反复学习和练习。这种学习方式的优势在于自主性、灵活性、随时性，可以极大地提高学习效率。教师可以通过网络平台记录和监测学生的学习过程，同时利用平台信息处理工具及时、高效地分析出学生的学习弱点和难点，有针对性地为学生提供学习帮助和指导，极大地提高学生的学习效果。

（3）混合式教学模式的建构

早在1972年，美国学者乔伊斯和韦尔等人就提出了"教学模式"一词，他们认为教学模式是指构成课程的课业、选择教材、提高教师活动的一种计划。综合之前的文献和研究，笔者认为大学英语混合式教学模式的建构主要包括三个部分，即网络自主学习、课堂教习和综合评价，三者的有机结合共同构成混合式教学模式。

①网络自主学习

大学英语教师可以充分利用网络教学平台，为学生提供与教材配套的网络学习资源和拓展资源，并根据教学目标、教学要求等合理设计自主学习内容。网络自主学习一般分为两部分：课前自主学习和课后自主学习。课前自主学习阶段，教师应根据教学目标对相关资源进行收集、分析和筛选，将预习视频、音频及与本单元相关的文化背景知识等资料上传到学习平台，以便学生在课前进行自主学习。课后自主学习阶段，教师可以提供一些拓展和补充资料，并结合学生的学习动机、学习习惯及认知特点等制定出多样化、个性化的学习任务，以满足不同学生的需要。比如，教师可以选取一些与教材相关的练习或测试，以便学生自我检测学习成效。学生应根据教师在网络学习平台上发布的学习计划和学习任务，利用平台自主安排学习时间，并通过平台与教师或同学进行讨论和交流。

②课堂教学

在混合式教学模式下,课堂教学可以将多种不同的教学模式进行混合,发挥各类教学方式的长处,从而集中提高学生的英语水平。教师可以采用灵活多样的教学方式,如任务式教学、合作式教学等。由于课堂时间有限,教师应充分利用课堂时间为学生创造真实的语言环境,组织学生进行语言实践与训练,并对课程重点与难点进行系统讲解。课堂上可以通过主题讨论、小组合作、个人演讲等活动促进学生将知识内化,激发学生学习的积极性和主动性,从而打破传统课堂的被动输入,更好地提高课堂教学效果。在课堂教学过程中,教师由关注"教了什么"向关注学生"学了什么、学到了什么、学成了什么"进行转变。

③综合评价

混合式教学模式下学生的学习成绩不能再单一以考试作为评价标准,而是应该采用多元的、动态的、综合性的、线上线下相结合的"混合式"评价方式。《指南》指出,要根据大学英语教学目标和教学要求,采用多样化的评价和测试方式,全面检测和跟踪学生的英语能力发展,准确评价学生的英语能力水平。一方面,教师可以利用线上数据对学生进行评价,充分利用信息技术,综合学生的自主学习行为、学习习惯、学习时长、线上作业完成情况、线上测试成绩等基本信息数据,建立学生个人线上学习情况档案,为学生提供个性化的评价反馈。另一方面,教师可以将线下数据及日常课堂教学中学生的学习情况作为个性化评价的来源。线下评价通常依据学生的课堂出勤率、课堂互动情况、线下作业完成情况、线下测试成绩等。最后,综合以上两类数据的考核结果和期末英语考试成绩得出学生的最终考核成绩,从而对学生的学习过程与结果进行全方位、多角度的评价。合理利用线上线下提供的数据,使用"混合式"评价方式,对教师的"教"和学生的"学"发挥积极的导向作用。教师通过线上线下的数据全面地、动态地了解学生的学习情况,以便更有针对性地开展教学活动,更有效地指导学生进行学习。多元的综合评价方式能够促使学生全身心地投入日常英语学习中,而不仅是追求某一次考试的成绩,因此有利于学生英语能力的全面提高。

3. 慕课

(1)什么是慕课

慕课是MOOC的中译词,是加拿大学者于2008年提出的一个概念术语,即大规模开放在线课程。目前,学术界对慕课并没有统一的概念界定,但通常是指利用互联网技术、大数据、信息挖掘等科学技术构建的大规模、开放式网络教学课程体系。

（2）慕课应用于大学英语教学的优势

①丰富大学英语教学资源

传统的大学英语教学局限于教材，而慕课是一种大规模、开放性的课程，高校、教育机构均可利用慕课平台发布教学资源，教师登录慕课平台便可以获得丰富的教学素材，有助于教学课件的制作；学生可结合自身的英语水平，通过慕课平台搜索所需要的学习资源，并能进行系统化学习，接受专业化教师的个性化辅导。

②激发学生的英语学习兴趣

慕课是传统大学英语教学的重大变革，学生可利用慕课平台搜索丰富的教学资源进行自主学习，学生在整个教学过程中占据着主导地位。另外，慕课资源丰富，并且部分平台具有强大的智能算法，能够对学生的学习情况进行综合评价，为学生推荐适合的学习资源。教师也可以结合学生的学习情况为学生制订有针对性的学习计划，实现因材施教，使学生学习更轻松，激发学生参与英语教学的主动性与积极性，激发学生的英语学习兴趣。

③提高师生互动性

传统的大学英语教学局限于课堂教学，受到时空与教学资源的限制，师生间的互动只体现在课堂上。基于慕课的大学英语教学则能够实现即时的人机互动，以及课前、课中、课后的师生互动。学生在慕课平台进行学习时可通过平台交流、群组等功能向教师咨询问题，教师可根据学生的学习成果提出学习建议，打破了师生互动的时空限制。

（3）慕课背景下的大学英语教学改革思路

①重塑大学英语教师角色

慕课的应用不仅为大学英语教学改革带来了机遇，也对传统的教学模式带来了挑战。传统教学模式强调以教师为中心，而慕课强调以学生为中心，教师只是学生学习的引导者、辅助者。可见，慕课背景下大学英语教师的角色发生了重大变化。因此，慕课背景下大学英语教师的角色需要重塑。

充分进行学情分析，做教学活动组织者。慕课的应用以学生中心，教师在慕课背景下的大学英语教学开展前必须进行充分的学情分析，了解学生的英语基础及学生的学习需求，再结合慕课特征制订有针对性、个体化的教案，引导学生利用合适的慕课资源进行自主学习与探究；其次，在学生通过慕课完成自主学习后，教师可通过在线测试了解学生的学习效果，再收集学生在学习中遇到的难点、疑点，在课堂上组织学生进行小组合作学习，并引导学生相互讨论，解决学习问题，相互学习，共同进步。可见，在慕课背景下的大学英语教学中，教师不再是主导者，而成了教学活动的组织者。

拓展英语教学空间，做学生反思辅助者。传统的大学英语教学空间有限，仅局限于教材内容，无法深层次拓展学生的知识面。慕课拥有丰富的教学资源，教师可利用慕课资源拓展英语教学空间，以激发学生的自主探究意识，让学生享受探索的乐趣，激发学生的英语学习兴趣。另外，由于学生的英语知识体系不完善，在进行自我反思时会存在局限性，往往无法对自己形成客观的反思评价，教师可结合学生的个体特征，引导学生进行自我反思。例如，在"People"这个单元的教学中，可让学生介绍某个人群的特点，然后教师播放相应的慕课，让学生边学习慕课边进行反思，使学生能够发现自身的不足。在整个教学过程中，教师应扮演反思辅助者的角色，使学生能发现自身问题，并不断改进。

②转变大学英语教学模式

传统的大学英语教学模式以课堂教学为主导，而慕课背景下的课堂教学则混合了线上教学、线下教学的优势，这是一种混合式教学模式。因此，慕课背景下的大学英语教学必须向混合式教学模式转变。

课前阶段。教师根据教学内容为学生分配学习任务，由学生利用慕课资源进行自主探究，完成学习任务。例如，在"Shopping"这个单元教学时，教师应结合该单元的教学内容制作慕课与测试题，如制作如何询问商品信息、价格与支付方式等内容的慕课视频，并给学生布置学习任务，学生完成学习任务后进行测试题检测，或者提交任务视频，以利于教师对学生学习情况的监督，同时也了解学生在该单元学习中所遇到的困难，利于教师对课堂教学内容进行调整。

课堂教学阶段。教师结合学生课前阶段的学习任务完成情况，进行课堂答疑，并对学生普遍存在的问题进行讲解。同时，构建学习任务或者体验情境，并采用小组合作学习方法由各小组完成学习任务或者情境体验，教师在整个过程中扮演活动组织者的角色，引导、辅助学生完成任务。例如，在"Shopping"单元的教学中，教师可创设超市购物的体验情境，由各小组成员确定情境中的角色，再用英语交流完成购物流程，在整个过程中教师观察学生的表现，并可参与至小组活动中。情境体验后，教师对各小组及成员的表现进行评价，再集中讲解在情境体验中发现的问题，回答学生的疑问。

课后阶段。教师在课后阶段可结合学生在课前、课中的具体表现，针对发现的问题制作有针对性的慕课，由学生自主完成学习，此举能够帮助学生巩固前期所学知识，促成知识内化。同时，教师可以制作与单元教学内容相关的慕课，以拓展学生的知识面。另外，还可以布置课后实践应用作业，使所学知识能够应用于实践中。例如，在"Shopping"单元的教学中，教师可要求学生课后开展"大学生购物行为"调查，以了解学生的购物渠道、常购产品种类、购物频率、支付方式等，在整个调查过程中要求学生用英语进行交流。

③建立科学的教学评价体系

慕课背景下的大学英语教学改革必须有科学的教学评价体系予以支持，只有科学的教学评价结果才能指导教师不断对慕课资源、教学计划进行调整，才能解决学生在学习中遇到的实际问题。因此，建议慕课背景下的大学英语教学构建教师评价、生生评价、机器评价、小组互评的多元教学评价体系。教师评价是教师结合学生在整个单元学习中的表现形成的评价，以实现因材施教；生生评价是学生间相互评价，促使学生在互评中发现同伴的优点与不足；机器评价是慕课平台采用人工智能算法对学生在慕课平台的学习表现进行评价；小组互评是在应用小组合作式学习时，各小组对学习表现进行互评。多元教学评价体系能够帮助教师深层次发现学生存在的问题，制作有针对性的慕课或改进教学内容与方法，同时也能够让学生客观地了解自身的不足，促使其在后续学习时能够不断改进。

（二）积极探索英语人才的网络培养新模式

目前，全国疫情防控形势持续向好，但全球疫情形势依然严峻，境外输入风险一直存在。疫情背景下，学校要根据英语教学的实际统筹整合课程资源，充分利用现有国家、省级和学校在线课程平台或其他网上教学平台、教学资源，按照英语教学任务安排落实英语教师授课平台，积极联系教材供应商和各家出版社，获取相关的英语电子教材，保证英语线上教学所需的电子教材到位，做好网上开课的各项准备工作；明确网上教学期间教学要求，及时检查网上教学情况，了解网上学习效果。疫情背景下，学校要组织英语教研室积极开展在线教学、MOOC在线、教学平台培训工作。利用学习通、雨课堂、腾讯会议、钉钉等平台，积极开展线上＋直播混合式教学的准备工作。建立英语课程相应QQ群、钉钉群，并将PPT、练习题、电子教材、推荐参考文献等教学资料上传至课程平台，结合多种教学平台的特点，建立多种教学实施预案，充分做好线上教学准备工作。线上教学正式开课之前，任课教师要通过钉钉、超星、腾讯会议进行线上英语教学测试，结合英语课程特点设计线上教学模式，确保线上英语教学顺利实施。线上教学之前要做好线上直播调试工作，确保上课效果。

(三)大赛引领,收获现代信息技术应用成果

以英语现代信息技术应用比赛为推手,推进现代信息技术与英语教育教学的深度融合。大赛面向高校英语教师以提升3D/VR/AR数字化虚拟仿真应用技术能力、推进3D/VR/AR数字化虚拟仿真英语课堂教学与实践教学改革和创新能力。通过"以赛促教、以赛促研、以赛促创、以赛促产"的产教融合教育模式,提升高校英语教师3D/VR/AR数字化虚拟仿真应用技术能力,推进3D/VR/AR数字化虚拟仿真课堂教学和创新能力水平,全面推进高校英语教师专业化发展与数字化教育教学改革。综上所述,现代信息技术在高校英语教学教育中的科学运用,推动了现代信息技术与英语教育教学的进一步融合。但是,我们应该清醒地看到:信息化教育教学资源在我国高校英语教学中的运用还处于初级的发展阶段。因此,高校英语教师要对信息化背景下的英语教育教学方法进行探索与实践,要进一步提升英语教师的现代信息技术教育水平,要创新现代信息技术在英语教育教学中的运用模式,从而科学提升大学生的学习效率,促进我国高等教育的"跨越式"发展。

(四)突破"课堂+课本"限制,打造网络学习空间

教师将信息技术与英语课程进行融合,应该建构在课堂和课本的前提下。在以往的英语课堂中,课本是学生学习知识的唯一途径。教师、教材和学生占据着课堂,通过课本向学生传授知识,课本是教师和学生交流互动的媒介,学生处于被动接受知识的状态中,并不能改善学习效果。教师可以运用信息技术这一教学手段向学生演示知识。教师将信息技术与高校英语课程进行融合,会让学生发生质的变化。

随着网络新媒体技术的迅速发展,一种创新有效的教学形式应运而生,即以网络技术为支撑,以新媒体为载体,构建全面系统的网络新媒体平台进行英语教学。近年来,泛在学习理念逐渐影响到高校英语教育教学的发展,具体表现为教师的授课方法、教学方式、知识获取、知识更新等多方面均存在明显转变,为高校英语教学带来了良好契机。泛在学习通过创造智能化的环境,使学生突破时间、空间及媒介等限制随时随地进行英语学习。网络新媒体技术支持下的英语泛在学习有助于学生化整为零,充分利用碎片时间,将英语学习充分融入现实生活中。这是英语教学紧随时代潮流的表现,也是顺应大学英语课程改革的表现。

1. 泛在学习

（1）泛在学习的概述

随着泛在学习概念的横空出世，有关泛在学习的研究在国外逐渐兴起。2004年，日本率先提出了基于物联网的国家信息化战略——U-Japan，目标为"利用ICT建设随时随地、任何物体、任何人均可连接的泛在网络社会"。此后，欧美高科技发达国家相继展开研究。美国哈佛大学的"促进泛在学习的无线手持设备"项目、麻省理工学院的"重温革命"项目，以及欧洲的Mobile ELDIT项目逐渐开启了泛在学习在教育领域的应用，推进了泛在教育的快速发展。2006年，以"泛在计算技术、移动通信技术"与"无所不在教育"为会议专题的第十届全球华人计算机教育应用会议隆重开幕，至此国内教育技术界针对泛在学习的相关研究也拉开了帷幕。2008年，由上海市教委主办的创新重点课题"面向终身教育的泛在学习（U-Learning）模式及其应用研究"正式开题。2009年，在北京大学召开的第六届中国文化产业新年国际论坛分论坛针对泛在文化、泛在时代和泛在网络进行探讨。2015年，中国教育装备行业协会主办的国际教育信息化大会盛大举行，习近平主席在致大会的开幕信上明确提到要构建"人人皆学、处处能学、时时可学"的学习型社会。

泛在学习日益受到国内外专家学者的追捧和关注，针对泛在学习的学术研究仍呈上升趋势。研究内容涵盖基本理论、技术开发、资源构建及应用研究等多方面。学者从诸多角度出发，基于已有的文献调研，明确了泛在学习研究所关注的方向，为日后国内泛在教育教学研究提供了参考。

（2）提升泛在学习效果的策略

①深化学生泛在学习认知

泛在学习是连接新语言知识与原有语言认知结构的桥梁。学生对泛在学习理念了解不深刻将极大地影响泛在学习的效果。因此，深化学生对泛在学习的认知极其重要，使学生从泛在学习的概念入手，逐步了解泛在学习的本质、意义和优势，从传统的固定教室授课模式转向随时随地学习的方式，一方面可以使学生体验泛在学习所带来的便利，向学生呈现集听觉、视觉和触觉等于一体的多种体验，增强英语学习的浓厚兴趣，另一方面学生可以拓宽自身原有的语言认知结构，利用原有语言认知结构中的相关知识去同化新知识，从而实现探究式、协作式的英语学习。

②加强学校硬件设施建设

学校硬件设施条件的完善有助于构建良好的泛在学习环境、提高学生英语泛在学习的效果。学校可尝试为学生增设移动终端学习点，如在各教学楼安装可供学生使用的电脑，便于学生随时查阅英语学习资料；提高网络带宽速度、拓宽网络覆盖范围等，实现无线网全覆盖，使学生轻松快捷获取所需学习资源，随时利用碎片时间进行英语泛在学习，一旦网络状态不理想，学生查找资料频繁受阻，学习积极性自然受到打击，极易影响泛在学习的效果。总之，学校应尽量以学生为中心，最大限度地满足学生的学习需求，这样才有助于学生提高学习积极性，增加知识储备，提升学习效果。

③转变学生学习态度及动机

学生的学习态度及动机是影响学生学习行为和学习效果的重要方面之一。站在满足学生英语学习需求的基础上，运用基于网络新媒体技术的泛在学习理念，完成更有效的英语教学计划，并积极调动学生的英语学习积极性，转变学生的学习态度及动机，这是当前英语教育教学领域的发展趋势。通过为学生提供个性化、协作式的泛在学习环境，激发学生英语学习的兴趣，引导学生对英语学习持有积极的态度和正确的动机，改变自身原有的学习行为和学习心理，培养学生自主、个性化的学习意识，如在设计学习活动时，可采用建立QQ学习群、设置学习讨论、适时进行作业评比等。此外，多数网络学习平台设有反馈机制，可以将学习情况真实反馈给学生，如测验环节、信息交流、在线提问等形式，学生可从中获得成就感或满足感，学习动机增强，学习效果得以提升。

④优化泛在学习资源设计

网络新媒体为学生提供了多元化的泛在学习资源，学生可以根据新媒体所提供的多样化的教学资源实现寓教于乐。但如何充分运用网络优势进行资源互补、最大限度地提高泛在资源利用率是一个亟须思考的问题，这也为优化泛在学习资源设计提供了方向。设计学习资源应遵循以下原则：环境适应性原则，即力争减少外在环境和移动终端的不必要干扰；资源碎片化原则，即学习内容力争精炼简洁，可供学生利用碎片时间完成某一知识点的学习；内容多样化原则，即学习内容力争图文并茂、音视频叠加，以吸引学生的注意力。同时，学生自身也应该注意采用有效的方法来获取网络学习资源，如借助谷歌、网易、搜狐、百度等常见搜索引擎、搜集并归类相关专题资源网站等。

2. 英语混合式"金课"

（1）打造英语混合式金课的必要性

课程是人才培养的核心，是培养卓越人才的重要途径和载体。2018年起，教育部在一系列高等学校本科教育工作会议和文件中明确提出，要合理提高高等学校课程难度，拓展课程深度，打造具有"高阶性、创新性和挑战度"的金课。在教育信息化、人工智能和智慧教学大背景下，金课又被赋予典型的人工智能的时代特征，打造线上线下混合式金课，不仅能够使用新技术推动课程开展的广度和深度，也顺应了时代发展对高素质人才的需求。

（2）英语混合式金课设计策略

①英语混合式金课的学业成果方面

a. 确定知识、能力、素质三个层面预期学业成果目标

基于《指南》在国家战略发展和学生求学就业两个层面对大学英语课程的要求，大学英语混合式金课建设必须坚持成果导向，在知识、能力、素质多层面确定预期学业成果高阶目标，支撑学校的人才培养目标。具体来说，在知识层面，要增强大学生的英语基本听、说、读、写、译能力，确定好知识层面预期学业成果，为能力的提高和素质的培养打下坚实的知识基础；在能力方面，要对接社会需求，服务国家发展，助力地方发展。在我国"一带一路"倡议、新时代对外开放战略、提升文化软实力等国家战略背景下，大学英语课程能力预期目标应该重视学生语言实践能力、语言应用能力和跨文化交际能力的培养，让英语能够真正为己所用。从事专业学习和科研的能力是新时代国家和社会的需求，真正的公共英语金课就应该直接瞄准这一目标，为国家和地方的经济发展、科技文化交流及中国文化对外传播所用。大学英语混合式金课还应设置较高的素养目标。习近平总书记在高校思想政治工作会议上的讲话中指出，"高校要坚持把立德树人作为中心环节""各类课程都要与思想政治理论课程同向同行，形成协同效应"。大学英语课程作为中西文化交融和碰撞最为明显的一门课程，是开展思政育人的重要基地。大学英语混合式金课需要制定相应的素养目标，提高学生的跨文化思辨能力、判断能力和理性思维能力，培养其文化自信和家国情怀。确保通过知识、能力、素质三个层面的预期学业成果，为具有国际视野和家国情怀的高素质复合应用型人才培养提供强大支撑。

b. 服务地方的课程体系设置

大学英语混合式金课建设要对标金课建设"高阶性、创新性和挑战度"的"两性一度"标准，增加课程难度，拓展课程深度，不能将侧重"听、说、读、写、译"等语言技能训练的通用英语课程体系一用到底，而应该循序渐进地增加难度、拓展深度，对接学生专业和校本特色，服务学生个人的发展需求和地方发展需要。因此，课程体系改革势在必行。针对地方应用型院校的大学英语混合式金课建设，可采用循序渐进、梯度递增的方式设置大学英语各类课程，即在大学第一、二学

期进行大学英语通用课程的学习，夯实英语基础；在第三学期可以设置跨文化交际课程、跨文化思辨课程等，对英语课程进行深化和拓展；在第四学期对英语课程进行进一步深化，对接学生专业和校本特色课程，进行专业英语的学习。当然，各高校也可根据本校学生和专业特色，进行分级别自由选择式大学英语课程体系设置，在大一学年仍然进行大学英语通用课程的学习，但是大二学年设置和不同专业相关、不同难度和水平的一系列英语拓展课程供学生选择。比如，在财经院校设置商务英语拓展课、跨文化交际拓展课、跨文化思辨拓展课、实用公共英语演说拓展课、学术英语拓展课等一系列拓展课程，不同水平、不同目标、不同专业的学生可以根据自己的实际情况、兴趣爱好、职业发展进行自由选择。这两种课程体系的设置都对接了学生专业、学校特色和学生发展，将高阶性、创新性和挑战性融为一体，为学生知识、能力和素养的提高提供了较科学、较全面的选择。

②大学英语混合式金课的课堂教学方面

a. 以学生为中心，设计学用结合的课堂活动

文秋芳教授的POA理论提倡课堂教学的一切活动都要服务于有效学习，强调输出驱动，输入和产出相结合，使学和用融为一体，打破学用分离的现状。大学英语混合式金课应以产出为导向设计教学内容、课堂活动、教学评价等，实现学业成果宏观培养目标落实到每一堂课和每一个教学环节。同时，注重新技术新平台的运用，实现线上线下互为补充、互为促进，形成全方位立体式多维度的智慧课堂新模式。在课堂活动设计的微观层面，教师要提前设计好每个课堂的产出任务，围绕产出任务设计一系列高效实用的教学活动，以任务为驱动实现教学目标。教师是设计者和组织者，学生是活动的主体和主角，把课堂从以教师为中心转向以学生为中心、以学习为中心、以学习过程为中心。大学英语混合式金课的课堂教学可采用多种课堂活动形式。例如：探索式课堂，让学生针对问题进行探究和自我解决；情境式课堂，把课堂转换成真实社会场景，让学生在真实社会情境下实践和交际；合作式课堂，即学生通过小组合作解决问题；教育戏剧式课堂，即让学生通过创造和融入不同的角色，进入实践场景，提升语言技能、交往技能及解决问题的技能等。根据产出任务和目标，采用适合课堂的一种或者多种新型课堂活动设计，让学生在解决实际问题中学习，在学习中学会解决实际问题。

b. 智慧课堂，构建多元学习的教学模式

智慧课堂、多元学习是打造混合式金课的必然要求和必要手段。在教育信息化2.0时代，信息化技术的革新、互联网的发展推动着学习者教育经历的变革。应用型高校大学英语课程教学要利用好智慧课堂的云、台、管、端构建多元学习

的教学模式，即充分利用智慧课堂云空间提供丰富多样的教学资源；利用智慧教室平台，在课堂中通过丰富的多媒体展示与投屏终端与灵活的桌椅摆放布局，为课堂的小组合作、探索和实践提供保障；利用智能教学管理平台，对学生学习过程、学习成果进行追踪；利用学习智能端口，对接家、校、教师、学生各方，形成家校一体、师生一体的学习闭环。总之，大学英语开展智慧教学，可以使学习空间超越传统教室物理空间的限制，变成无边界无限制的学习，学习过程也从线下断点学习转变成线上线下的连续学习，智慧课堂的大数据云计算功能使得学生的学习过程和学习结果都有迹可循，更有利于学生个性化学习。大学英语混合式金课多元学习教学模式就要利用智慧课堂的云、台、管、端进行课前、课中和课后的连续设计，使学生形成有效的学习闭环。在课前，利用云空间的微课和慕课资源，让学生进行课前自主预习、个性化预习，同时根据管理系统的数据资源，根据预习数据和情况以学定教；在课中，对预习情况进行云课堂测试，根据测试结果针对重点和难点进行活动设计，同时利用智慧教室多媒体展示和投屏终端技术设计教学活动，通过各种小组活动、探究活动和情境活动等激发学生学习动机和兴趣，使课堂变为学生的实践场所，达到学用一体；在课后，利用网络平台学生端口进行产出任务布置，同时教师对学生进行线上个性化辅导，根据云平台学习数据进行及时的教学反馈和教学反思，为下一步的课堂组织做好准备。

（五）利用信息技术打造教师与学生的"合作"机制

将情境化教学融入高校英语课堂中。以往的教学是将知识与情境相剥离的，这样的教学方法不能激发学生的参与热情、提高教学效率。教师运用信息技术可以为学生创设真实的学习环境，学生在其中学习和运用语言，满足他们的学习需求，提高学习效率。在合作化学习中，学生成为课堂中的主体，师生应该加强合作。在课堂中，教师不再是管理者，师生都是课堂中必不可少的元素，因此师生应适应这种教学环境，从而在课堂与线上共同合作交流探讨。教师加强与学生的合作，锻炼学生的合作交往素养。这就需要教师和学生转变自己的角色。教师运用信息技术与高校英语课程进行融合，可以转变以往教师和学生合作的形式，通过信息技术转变师生在英语学习中的角色，提升学生的主体地位。

（六）运用多媒体技术丰富学生知识储备

教师在借助多媒体技术推动英语课程开展时，应该发挥出多媒体技术的价值，将英语知识运用到课程中为学生制作课程教学课件，设计微课，可以为学生上传分享网络精品课程或相关视频、音频资料等。总之，科学运用信息技术手段，为学生提供更多丰富资源，提高学生的参与度，从而改善教学效果。教师在给学生提供英语知识时，应该发挥出引导的作用，充分考量学生的身心发展情况，为学生提供与学生需求一致的知识，巩固学生所学的内容，提升自主学习能力。另外，教师还要帮助学生将所学的知识运用到实际生活中，锻炼学生的创造力，加强学生之间的交流探讨，从而让学生多方位得到发展。教师除了应该发挥出组织者的作用，还应该注重与学生的交流互动，与学生进行探讨交流，充分了解学生的学习水平和身心发展情况。教师可以通过网络平台数据及学生的交流反馈及时了解学生的学习状态，再不断对教学计划进行调整，改善教学效果，从而让学生对英语学习的兴趣不断提升。例如，教师在课堂中不仅要提升学生的英语知识储备，还要加强学生之间的交流互动，让学生充分了解东西方文化的不同。教师如果只是采用单一的口头讲述的形式，很难让学生有饱满的学习热情，因此可以运用信息技术，为学生播放西方电影，让学生感受东西方文化的差异，学生可以从电影的情节及背景介绍了解西方文化，这样不仅能够巩固所学的知识，还可以提升英语学习素养，为后期的英语学习做好铺垫。

1. 多媒体教学的内涵及作用

多媒体教学，是指利用多重媒介丰富教学课堂，激发学生的学习兴趣，进而增强学生的学习效果。多媒体包含多种音乐、声音、动画等，随着互联网的发展，课件投影、动态演示、科学动态都可以更加清晰地展现在学生面前，网络媒体的演变也使得多媒体教学变得更加立体化，网络媒体下的教学环境层次更加丰富，可以通过网络事件进行热点冲击，可以根据网络的最新现象进行沟通讨论，也可以观看网络视频进行分析评价，还可以通过网络现象进行现实模拟，网络媒体的视频、音乐、动画等表达的立体化表现，为教学模式的创新提供了新的突破口。

多媒体的教学结构是融合性与联合性的结合体，教师要根据课程特点进行媒介的组合和筛选，用最适合的多媒体进行教育教学，以期实现结构多样化、目标一致化的最有效的教学模式创新。

2. 多媒体技术在英语教学中应用的优势

（1）多媒体教学有利于增强英语课堂的趣味性

兴趣是学生学习的第一任教师，在高校英语教学的过程中，提高学生的学习兴趣，就要注重提高英语课堂的趣味性。高校学生大多已经充分认识到了学习的重要性，也有了一定的自我管理能力，但他们在日常的学习过程中仍然很容易受到自身情绪的影响。最为明显的一点是，学生在学习自己喜欢的学科时，往往会产生更加显著的学习兴趣。相比其他学科来说，英语学科独有的大量词汇、复杂的语法知识，让很多学生在漫长的学习过程中失去了应有的兴趣。大部分学生只是在学业压力的影响下，被动地学习英语知识，这在很大程度上影响了学生的英语学习质量。多媒体技术的应用在很大程度上改变了高校英语课堂教学内容的生态环境，为英语课堂带来更加丰富的英语元素，这些元素能够在很大程度上缓解学生面对英语文字内容时的疲惫感，同时学生也更容易被动态、丰富的画面所吸引，更容易调动学生学习的积极性，激发学生学习英语的兴趣。高校英语教师要加快改变传统落后的教学理念和教学方法，积极创新英语教学的方法，坚持与时俱进、推陈出新，利用这些新的教学资源能够给学生带来更加丰富的英语学习体验，最终在有效激发学生英语学习兴趣的同时，让更多学生在潜移默化中产生对英语学科的好感，不断提高高校英语教学的水平。

（2）多媒体教学有利于为学生创设良好的英语学习情境

多媒体教学是现代化教育模式中最为先进的一种教学手段，这一教学手段可以为学生创造一种真实生动的教学情境，让学生真正成为学习的主角。在多媒体教学中，学生不但可以学到课本上的传统知识，还能够了解英语知识背后的文化等内容，培养学生独立自主的学习习惯。英语知识本身是与西方文化相连接的，教师通过多媒体技术则可以在有限的课堂上展示更多的英语文化知识内容，让课堂教学的内容变得更加丰富。

（3）显著丰富高校英语教师的教学容量

在以往的课堂教学过程中，教师只能基于教材上的文字理论内容展开教学探究，并不能满足当代社会背景下学生对英语课堂教学内容的实际需求。这时教师就可以通过多媒体信息技术的辅助，为学生带来更多音频、图片、视频、动画短片等不同类型的英语教学资源。这些资源一方面帮助学生更加轻松地理解教师要讲解的英语概念，同时也能从根本上拓宽学生的英语视野。值得一提的是，多媒体技术的广泛应用让更多教师能够基于自身教学需求选择最为有效的教学内容。在以往的教学过程中，如果教师想要为学生引入一些相关联的英语素材，不仅要考虑课时因素，同时也要考虑板书的容量上限。而在多媒体技术的帮助下，高校英语教师在选择教学内容时可以变得更加自由。

（4）有效提升学生的英语综合素质

除以上两点外，多媒体技术带来的另一个显著优势就是能够提高学生的英语综合素质。素质教育理念下的高校英语课堂教学目标已经不会局限于学生的英语考试成绩，而是要放眼于学生英语综合素质的发展，这样才能为学生今后的英语学习及社会生活带来更大的帮助。这就要求教师需要为学生带来更多具有针对性的英语教学方式，并且引导学生展开个性化的英语探究。而多媒体技术往往有着更加优越的表现力，教师可以引导学生将多媒体技术转化为自身学习英语知识的有效途径。这样不仅促使学生养成更加良好的英语学习习惯，同时也能在很大程度上降低教师在课上的教学压力。学生可以利用多媒体技术及时弥补自己在学习过程中产生的认知疏漏，从而在构建个性化英语知识体系的同时，实现自身英语综合素质的全面发展。

（5）培养学生独立自主的学习习惯

在英语教学的过程中，教师应多给予学生足够的空间来进行自主学习。网络环境能够增加学生之间的交流活动，实现家长和教师的沟通和交流，家长也可以借助网络来向教师了解学生在校的情况，对学生提供更多的关心和教育，了解学生英语学习的情况，并提供有针对性的辅助方案。例如，学生每天都要完成家庭作业，教师可以将内容、辅助信息传输到网络空间，学习只需要下载就可以浏览。教师还可以在交流平台上分享英语学习的信息和资料，学生可以实时在线学习，英语教学的课堂时间是有限的，很多信息内容无法在课上完成，网络环境却能够改善这种问题，让学生拥有更多的时间学习新的英语知识。多媒体教学还可以实现实时教学，当学生有疑问时可以在网络上同教师沟通，教师也可以通过网络收集学生的及家长的意见。

3. 多媒体技术在英语教学中的应用形式

（1）利用多媒体网络教学平台，为学生创建英语听力学习环境

应用多媒体辅助教学可以为学生创建一个比较真实的英语听力学习环境，让学生有效进行英语听力训练，提高英语听力水平。大学英语专业教师可利用多媒体教学手段为学生创建英语听力学习环境，借助幻灯机、投影仪等教学设备开展英语听力教学活动，使学生在这种语言学习环境中练习英语听力。英语专业教师还可以利用计算机教学设备在多媒体室开展教学活动，把控学生的学习进度，根据学生的学习情况开展有针对性的教学，与学生进行有效互动和沟通，对学生的疑问进行及时反馈，帮助学生解决存在的问题，提高听力学习效果。

（2）利用多媒体网络教学平台，训练学生的英语口语表达能力

第一，大学英语专业教师可充分利用多媒体网络教学平台，借助大数据分析处理技术，为学生收集英语口语训练需要的材料，并通过分析、整合与处理，对收集到的口语训练材料进行整合。然后通过 PPT 为学生展示有效的口语训练方法和学习策略，帮助学生开展口语训练活动。

第二，大学英语专业教师还可为学生布置与课程相关的学习任务，让学生在课后利用网络信息技术，在互联网平台上搜集学习任务所需资料，如文化背景、口语交流技巧等，为下节课的教学活动做好准备。

第三，在课堂教学中，教师可组织学生开展小组合作学习，结合在课前搜集到的文化背景知识与口语交流技巧，以英语口语交流的方式进行学习，让学生在活动中训练自己的英语口语表达能力，从而提高教学效率。

（3）利用多媒体教学平台，提高英语写作教学质量

可利用针对英语写作教学研发的在线英语写作评价工具或英语智能作文评阅平台等进行辅助教学。这些平台的软件不仅可以检查语法或单词拼写错误，还可根据写作要求帮助学习者写出完整的英语句子，顺利完成英语写作，并在写作过程中扩展写作思路，丰富英语词汇和句型。在写作完成后，系统软件可帮助学习者检查是否存在错误句型与病句，对学习者的写作进行评价，为学习者提供写作思路。这些教学平台的应用还有利于突破时间、空间的限制，使学生与教师、专家等进行积极的交流和互动，帮助学生提高英语写作水平，从而提高英语写作教学质量。

4. 提升多媒体技术在英语教学中应用的策略

（1）强化高校英语教师多媒体教学素养

新技术的出现必然会带来更多新的问题，教师只有不断提高对新技术的认知水平与应用能力，才能更加有效地将新技术整合到课堂教学体系中。很多英语教师有着十分丰富的教学经验，即使是在多媒体技术全面融合的教育背景下，他们的丰富经验仍然有着用武之地。学校方面必须加强对教师自身多媒体教学素养的培训，让更多教师能够将多媒体技术转化为自身的新能力，这样才能改善高校英语教学中多媒体技术存在的弊端。首先，学校方面要加强对现有资源渠道与多媒体技术的整合，确保能够为教师建立一个更加科学清晰的多媒体技术培训体系。无论是交互式电子白板的应用空间，还是英语电子课件设计思路，这些都是现代高校英语教师必须掌握的重要知识。值得一提的是，教师对多媒体技术的认知要落在实处。在完成面向教师的多媒体理论教学指导之后，学校就应该定期组织教师进行实操训练，从而确保教师能够真正地将不同类型的多媒体技术应用到实际的教学过程中。为了有效提高教师的学习效率，学校方面可以定期组织一些"教师技能竞赛"，并且为比赛设置一些小奖品，从而鼓励更多的教师积极提高自身的专业技能。其次，由于现代网络信息技术特性，学校方面要为高校英语教师建立一个更加自由的教师资源平台。各个年级的教师可以展开共同备课工作，并且

将自己的一些好的想法建议分享出来。教师也可以将一些课堂教学效果更好的教学课件上传到公共平台上，然后与其他英语教师展开共同讨论。这样才能在加强教师交流效率的同时，更加有效地提高教师的成长速度。最后，在学生学习英语知识时，教师应注意培养其形成发散的思维，增强其创新能力和观察能力。在英语课堂中应用多媒体技术，可以为学生创造多听、多看的机会，通过将文字、声音、画面搭配起来，有利于增加课堂的信息量，实现课内外的有效衔接，提高英语教学的质量。高校英语课堂教学的时间相对有限，课外延伸拓展是培养学生创新思维的重要方式，多媒体技术的应用可以打造微课堂，让学生课下充分利用时间学习一些书本上没有的知识。在导入新课时，教师可以采用多媒体技术创新英语的内容和形式，继而丰富英语教学的内容，提高英语教学的质量，构建高效的英语学习课堂。当前，英语教学可以借助多媒体教学的方式来实现，继而突破英语教学的重点和难点，从而增强英语教学的效果。教学媒体的类型包含了录音、网络、录像等软件资料，在教师的精心设计下，可以结合多媒体二维、三维动画的方式直观呈现出来，通过分析、比较、演绎、综合、归纳的方式演示英语学习的内容和过程。初中英语教学中有很多教学难点让学生觉得比较抽象，为此教师在教学中应多利用多媒体课件，也可以利用钉钉、微信公众号等软件，加强对学生课下英语学习的监督，引导学生积极学习英语知识，增强学生的独立自主学习能力。

（2）结合信息技术优化高校英语教学体系

传统的英语课堂教学体系已经无法满足新的教学需求，高校英语教师可以基于多媒体信息技术，为学生带来一个更加个性化的英语学习体系。教师可以将传统的课堂教学划分为课前、课上、课后三个部分，然后为这三个部分制订更加清晰的英语教学计划。首先是课前阶段，也是学生的自主预习阶段，教师要利用多媒体技术为学生带来全方位的预习指导。教师可以结合新课中蕴含的英语知识点，为学生制作一期条理清晰内容完整的微课视频。例如，在为学生讲解本节课的新词汇时，教师就可以结合词汇释义为学生制作一个思维导图，然后引导学生利用视频中的思维导图加深对这部分英语知识点的印象。然后教师还可以将本节课的词汇知识、语法知识整合起来，为学生制作一份电子检测卷。随后，学生就可以利用这份检测卷检测自己的预习效果，同时也可以将检测卷上传给教师，这样教师就可以在开展教学工作之前更加清晰地了解每一名学生实际的预习情况，从而更加灵活地制定课堂教学方案。其次是课上阶段，也是教师与学生展开高效交流互动的关键阶段。在实际的教学过程中，高校英语教师可以利用多媒体技术为学生创设多样的交流情境,然后引导学生在不同的情境中学习本节课的英语知识,同时提高自身的口语表达能力。例如,在学习了"FROM PROBLEMS TO SOLUTIONS"这篇文章之后,教师就可以为学生播放阿斯旺大坝的历史纪录片,然后向学生提出"What do you think is cultural heritage？""Are all old buildings cultural heritage？""Who should be the owner of the cultural heritage？"这三个问题。这些问题并没有固定的答案,但却与本节课的教学内容及刚才教师为学生播放的纪录片有着十分密切的联系。这时学生就可以根据自己的理解及思想方式来回答教师提出的问题,同时也可以与其他学生交流自己的想法。这样才能通过多媒体技术为学生打造一个更加轻松愉快的英语交流环境,促使学生自身的英语素养得到发展。最后,教师也应该结合多媒体技术,为学生构建一个英语自学平台,从而满足学生课后的英语学习需求。教师可以将自己的电子课件上传到平台上,并且结合刚刚结束的课堂教学工作,为学生补充一些自学时应该注意的内容。除此之外,教师也可以定期在平台上上传一些经典的英语文章,或者学生的一些优秀作文作品。这样才能全方位地满足学生的自学需求,同时让学生通过相互之间的学习提高自身的英语水平。

(3)实现传统课堂教学与多媒体技术的融合

为了更加有效地促进学生英语综合素质的发展,教师可以从学生的不同需求出发,合理地将多媒体技术融入高校英语课堂中。首先,教师要充分认识到板书、挂图、简笔画等传统英语教学手段仍然存在的价值,并且将这些教学手段与多媒体技术的优势融合起来,从而通过相互之间的补充提高英语教学质量。例如,在为学生讲解一些实用性较强的语法知识时,教师就可以采用更加灵活的板书教学开展语法指导,从而给学生带来更加优质的学习体验。其次,教师要基于多媒体技术的多样性,为学生带来更多有趣的英语学习方式。在培养学生的英语语感及口语表达能力时,教师就可以为学生播放一些经典的西方影视剧段落,例如,在美国情景喜剧《How I Met Your Mother》中有大量生活化的口语交际场景,教师就可以让学生自由选择其中的角色,然后结合台词进行配音。这样不仅可以提高学生的学习兴趣,同时也能使学生的发音更加准确,同时提高学生的表达能力。

①正确认识多媒体技术在教学中的角色地位

多媒体技术虽然具有诸多强大功能,但其始终只是一种技术手段,是对教师教学工作的一种辅助,其不可能也不应该替代教师在英语课堂教学中的作用。因此,高校英语教学中应用多媒体手段必须首先认清多媒体技术在教学上意义和作用,正确看待其在教学中所扮演的角色地位。一方面,教师必须将之作为一种与黑板、教材、粉笔、教具等类似的辅助性教学工具，科学合理地对其开发，借助其优化课堂教学过程。另一方面，教师必须意识到自身在英语教学中的主体作用，扮演好自身教学组织设计、引导和课堂调节的角色，从而更好地借助多媒体技术达成高效课堂的构建。

②合理地准备与制作多媒体教学课件

多媒体手段的应用是以各种多媒体教学课件来实现的，所以要提升高校英语课堂教学成效，还需要从多媒体教学课件的制作入手，把好课件制作关。具体而言，大学英语多媒体教学课件的制作需要把握好以下两个要点：一是课件必须具有层次性和辅助性。二是课件必须注意与各种案例进行结合。在英语教育中，丰富的语言会话案例能够为学生营造语言环境，还原英语文化背景，进而使学生对英语的理解更为深刻。在传统教学技术层面，教学中案例的渗透较为困难，也不容易形成情境代入感。而依靠多媒体手段则可以有效解决这一问题。对此，实践中就要求教师在制作课件时应对照教学重点添加各种案例，以实现课堂上案例式的教学。

③课堂教学中掌控多媒体课件的使用

英语课堂是多媒体教学课件应用的主要阵地，而当前多媒体手段应用上所存在的问题也多集中于课堂上，所以要提升高校英语课堂教学成效就必须对课堂上多媒体课件的使用做好有力掌控。首先，教师需要在课堂上把握好多媒体课件的使用频率，除了在需要进行难点重点的生动阐释和英语语言情境构建、激活学生思维、拓展必要英语知识的情况以外，尽可能减少多媒体课件的应用，而应该更多依靠教师的教学来完成课堂教学任务。其次，课堂教学中教师必须适时根据学生的课堂反应来做好教学调节。如果多媒体课件的使用没有达到特定教学效果，教师就需要及时采取措施进行调节，或变换教学方法，或播放其他多媒体课件内容，以确保学生的思路能够始终被维持在正确轨道上。

④要把握好课堂上知识的呈现策略

高校英语课堂上不同的知识其需要用到的呈现方式是各不相同的，并非华丽的多媒体技术就一定能够达到良好教学效果。所以在借助多媒体手段提升教学成效的过程中，教师也必须对知识呈现方式进行有效把控。如对于罗列行的知识如词汇距离、段落结构分析、英语作品赏析等教学内容则可以利用多媒体课件来展开教学。但针对一些词汇结构和例句的讲解，教师依靠传统教学就能够达到良好教学，如此教师还可以避免大量多媒体的运用而造成学生注意力的分散。此外，知识借助多媒体的呈现还应该避免过于娱乐化而使英语教学变成一种娱乐，进而影响教学效果。

（七）提高高校英语教师的信息素养

近年来，随着经济社会的发展与科学技术的进步，教育信息化改革应运而生并得到了广泛的推广，在极大地提升了英语教育教学成效的同时，也对高校英语教师的专业化素养提出了更高的要求，教师不仅要具备一定的英语专业知识与教学技能，还要具备现代信息技术与教学能力。当今的英语课堂应倡导师生互动的课堂，倡导基于数据驱动的精准教学，英语教师现代信息技术应用能力直接关系到教师的执教水平与教师的专业成长。新时代呼唤教育智慧，智慧课堂需要有良好的智慧环境支撑，更需要有一批懂技术、会技术的应用型教师，否则就谈不上智慧课堂、创新课堂。英语教师必须重视信息技术在教学中的应用，只有不断提升信息技术应用能力与融合英语教学的能力，才能给传统的英语课堂教学转型，提升课堂教学效率。为切实加强信息技术教师队伍建设，提升高校英语教师综合素质和专业技能，加深教师对信息素养的理解，促进教师专业化发展。高校要举办切实可行的信息技术研修班，将现代信息技术应用作为校本培训的重要内容，开展高校英语教师信息技术应用能力提升、摄像制作等专题培训。为支持现代信息技术在英语教学中的应用培育人才队伍。

1.教师信息技术素养的概念及影响因素

（1）教师素养

从字面意义来看，教师素养侧重于素养两个字，顾名思义指的是教师所从事教育工作而具有的基本专业知识、专业技能，具体包括基础性素养、共性专业素养、核心学科科学素养、教育实践素养等四个方面，也有学者认为教师素养可以分为师德、文化素养、专业素养、心理素养这四大类。但是，无论如何定义教师素养都与教师自身的专业水平和道德修养密不可分。

（2）教师信息技术素养

有关信息技术素养的概念在诸多专业及学者中都进行了讨论，但是都还没有能够将界定标准统一，简单地说包括信息技术以及在知识教育过程中出现的一些问题。具体来说，包括了教师的信息技术意识、信息知识、信息技术能力以及技术伦理等多个方面。

（3）影响因素

无论是高校教师还是中学教师，影响教师信息技术的原因都是多方面的，比如既包括可以人为操控的因素，也有包括一些非操控性的影响因素，既有内部影响因素也有外部影响因素。

2.高校英语教师信息技术素养的现状

结合研究文献和实际教学来看，高校英语教师的信息技术素养具体可以分为信息技术意识、信息技术的知识、信息技术的能力以及信息技术的伦理等方面。其中，信息技术的意识是指高校英语教师自己内心对信息技术的理解、接受以及热爱，这直接决定了教师是能自主积极地在教学实践中信息技术能力开展有效的学习和探索，当然这也是高校英语教师信息技术转变成教学方式的有效理论基础。而信息技术素养的能力则是指在实际英语教学的过程中对信息技术的操作能力、信息技术的处理能力、信息技术的交流能力等多方面能力。结合当前我们的实际教学情况来看，总体来说高校英语的信息技术素养现状并不甚理想，尤其是在一些欠发达地区这一问题更为凸显和严重。将当前高校英语教师信息技术素养中存在的问题展开来进行剖析，有助于针对性地解决这些问题，促进高校英语教师信息技术素养程度的进一步提升。

（1）高校之间教师信息技术素养存在着较大差距

高校之间教师信息技术素养有着发展不均衡的现象。通过实际走访调查的方式，看到不同高校之间相差的程度还是十分明显，有的几乎接近最低水平而有的则居于高值。

（2）信息技术知识和伦理发展不平衡

伦理发展也是信息技术素养的重要构成要素，并且是信息技术素养养成以及发展的强有力保障，可以说信息技术知识与伦理发展两者存在着密不可分的关系，它能够让高校英语教师从教育策略和技巧的方向来对以前和现在开展的信息化教学活动进行分析、审视。但是，通过此次调查走访发现如今我国高校英语教师在信息技术知识、伦理发展两方面存在着较大的不均衡性，存在着顾此失彼的问题，这样一来也就对高校英语教师信息技术素养的进一步优化和提升带来了不小的困难。

（3）信息技术能力受教师年龄等客观条件限

在调查研究以及实际教学的过程中不难看到，高校英语教师信息技术能力直接受到教师年龄等客观条件的限制和影响，尤其是年龄这一客观条件的影响限制更为突出。年纪较大的高校英语教师无论是在信息设备处理能力、信息技术获取渠道、信息技术交流能力等多方面都比年轻一些的高校英语教师要弱很多。

综上所述，当前我国高校英语教师的信息技术素养并不够优化，可以直言不讳的是仍然存在着较多问题。造成这些问题的原因是多方面的，既有来自学校的原因也有高校英语教师自身等原因。从高校方面来看的话，学校能为教师提供的网络教学环节硬件设备是十分重要的一个影响因素。比如说，是否建设了数字化高校、有线网络是否能够覆盖到高校的绝大部分教学活动场所及办公区域、铺设的有线网络是否能够有效满足英语教师的日常教学所需等等都是高校方面需要考虑的影响原因。此外，处理硬件设施以外还有一些高校的发展理念和教学观念也在一定程度上制约了英语教师信息技术素养的提升，比如说课堂中将知识呈现给同学们的方式仍然过于传统等都是此类较为突出的原因。

3. 提升高校英语教师信息技术素养的策略

综上所述，针对当前我国高校英语教师信息技术素养中存在的若干问题及形成原因，结合实际教学情况并且查阅国内外相关学者的研究成果，特从以下几个方面提出几点针对性的建议。

（1）积极引导英语教师开展信息化教学活动

活动是教育信息化工作整体推动的重要途径，并且也是高校英语教师专业成长的必修站。高校可以通过积极开展信息化的教学活动来引导英语教师组织开展各类信息化的教学活动，比如说开展一些微课比赛、网络学习空间创意活动、英语信息化教学竞赛活动等，积极响应英语教育信息化的国家政策，推送信息化活动的开展从而达到促进高校和高校、高校教师和高校教师之间相互沟通与交流的效果。当然，在开展各类信息化教学活动的过程中，高校也能更好地了解到本校英语教师在信息化教学中的真实水平和专业素养，从而为办学、教学计划等提供具体的参考和依据。当然，要想这些活动扎扎实实地开展起来并且保证有效性，仅仅依赖于文件是不够的，还需要高校在实际执行和开展的过程中扎实推进，切切实实的落实到位。比如说，可以挑选一些高校英语专职化的信息活动人员，通过这样专职化的人员对包括年纪较大的英语教师在内的不熟悉高校教师进行一对一的辅导，包括辅导政策和技术等方面；还可以积极构建信息化的活动团队，帮助基础薄弱的高校英语教师，让活动的覆盖面变得更为广阔，让更多的高校英语教师参与到信息化活动的浪潮中来。

（2）重视教师的信息技术校内培训

这也是推动高校英语教师信息化素养的有效手段之一，并且还是所有手段中最为直接的一项。当然，就现状来看许多高校并非没有开展教师的信息技术校内培训，往往是虽然培训了但是效果不佳，可以说是收效甚微，因此高校应当更加重视这项工作，从源头来分析原因，提升其有效性。一般来说可以从以下几个方面着手，其一是有针对性地开展分层式的培训工作。高校英语教师现有的信息化素养水平、知识储备、专业学科等都可以作为分层式培训工作分层标准；其二，积极拓展培训内容，培训的内容不仅仅要来源于课本而且还应当不拘泥于课本，特别是高校阶段的英语学科更应当如此，充分注重趣味性和实践性相互结合；其三，培训时间和形式应当给予高校英语教师更多的自主选择权，比如说可以采用正式或者非正式等方式、可以采用线上和线下相结合或者单独选择等方式。

四、现代信息技术在大学英语课堂中的具体应用

（一）利用微课教学、助力于学生的课前预习

在大学英语课程教学的过程中，微课已经成为一种比较常见的模式，实现了与传统模式之间的深度融合。在该模式下，教师在对教学内容和教学目标进行分析的基础上使用相应的软件制成微课视频，然后将视频分享给学生，引导学生完成课前预习。与此同时，教师还可以在现代信息技术的支持下建立班级云端，为资源共享、学习交流提供平台。在观看微课视频的过程中，学生可以了解课程学习的重难点，在脑海当中形成内容概况。在这样的情况下，学生能够提前做好充足的准备，在课堂上实现高效学习。比如在学习《We are always ready to help》这篇文章之前，教师可以在微课视频当中向学生展示在校大学生在校园或者是社会实践中做志愿者的生活片段，同时向学生展示志愿者们对做志愿者活动的认识和体会的采访视频。同时，教师还可以将课文当中的重要单词、句子以及语法展示出来，为学生的预习提供指导。在观看微课视频的基础上，学生可以提高预习的效率，同时可以搜集与之相关的资料，并结合文章的内容形成自身的理解，在课堂上与同伴分享自己的观点。

1.微课模式的主要特点

（1）微课教学模式可激发学生的学习兴趣

以往高校英语教学中，很多学生会因为教学模式枯燥乏味逐渐丧失学习兴趣，无法集中注意力学习复杂的英语单词和各种语法。在应用微课教学模式后，教师可以采取更加灵活的教学方法，且教学内容也十分新颖，既能够集中学生注意力，还能够激发学生学习兴趣，有助于英语课堂教学效率的提升。例如，教师在带领学生学习某一国家历史发展、语法知识等内容时，可以借助微课中的各种形式进行表达，如多媒体、音频视频、动漫动画、文字表达等，这些方法可以为学生塑造愉悦轻松的学习氛围，促使学生更加关注重点内容，进而提升学习效率。

（2）微课教学模式更具灵活性和便捷性

在高校英语教学中，如若学生仅仅通过课堂学习很难完全掌握英语知识，当前互联网技术和移动设备已经普及应用，学生可通过微课模式打破传统课堂学习的局限性。微课学习模式不仅可以在课堂中学习，还可以以存储方式将英语知识记录在电脑、手机、平板电脑中，可以随时搜集资料、记录知识。同时，教师也可以将教学内容以微课的形式进行制作，让学生在反复观看后加强对词汇、语法的理解和记忆，从而加强学习灵活性和便捷性。

（3）微课教学模式可以有效提升课堂教学效率

高校英语教学中应用微课模式，教师可以根据学生学习情况设定微课教学时长，一般微课时间都会控制在5—10分钟左右，较长的微课也在20分钟以内。通过近年来高校微课应用情况来看，微课时间使用较短相比较长的使用时间对学生的收益更大，可以促使学生集中注意力完成整个课堂学习，既满足了学生学习需求，课堂教学时间也可以合理分配。

（4）微课教学模式可加强教学针对性

高校英语教学中应用微课模式，一般会将某一重点知识，或是具有实践性的话题作为微课设计题目，其中包含英语教学知识中具有典型性、常见性或代表性的问题，教师在设计此类内容时，会通过实践方式、解题答疑等形式教授给学生。同时，在选题过程中，微课更加注重短小、精悍的特点，其目的在短时间内帮助学生解决重难点，加深对重点知识的记忆。在微课教学后，教师会根据学生学习情况灵活设计微课播放时间，针对学生理解困难的内容，教师会适当延长播放速度，或反复播放，为学生细化解释该部分内容。这种碎片化的教学方式更有利于学生掌握知识，促使学生在学习中不断提升微课学习的乐趣。

2. 微课模式的教学实践路径

（1）构建微课平台英语评价体系

高校英语教师在制作微课过程中，可以针对性地选择英语知识，通过录制的方式合理划分不同课程重点，促使英语微课教学更具专业性、针对性和系统性。在此过程中，高校也应整合英语学习资源、教学教案、辅助课件等，以此提升高校英语微课教学质量，为学生构建标准化微课英语评价体系，充分考虑英语学科特点、特色，加强教学内容针对性、清晰度和突出性，确保教学过程满足学生学习兴趣，注重理论知识连接实际情况，有效提升高校英语微课模式教学质量。

（2）加强教师微课模式应用水平

高校在构建微课教学平台过程中，可为英语教师提供交流平台，让英语教师可以在与其他名校教师合作交流的过程中掌握更加先进的微课使用技术，双方通过经验交流、相互学习有助于教师完善自身微课应用能力，为学生提供更加便捷、高效的学习方式。此外，高校还可以组织教师共同开展微课教学交流活动，从其他高校请来微课制作技术较好的英语教师，与本校教师深入探讨微课发展情况、制作技术，在取长补短的过程中加强本校英语教师微课制作能力，从而实现专业化英语微课教学。

（3）将微课模式结合课堂教学

微课在高校英语教学中的应用一直受到各方关注，微课中包含丰富的学习资源，它的出现也让高校英语教学模式发生改变。为提升英语教学效率，加强课堂教学质量，高校英语教师要不断探索微课的制作方法、应用模式，利用短暂的教学时间为学生详细讲解重难点知识。例如，微课中的"资金的时间价值"便利用短时间的播放为学生讲解非常有趣的经济学理论知识，从而激发更多学生对经济学学习的积极性，其点击率和关注率也相当可观。由此可见，微课技术在高校英语课堂教学中的应用存在较大优势，尤其是现代学生本身便对信息技术兴趣颇高，这种可回放、时间短暂的视频更受到大学生的喜爱。对此，高校英语教师首先需要整合微课中的信息资源，帮助学生合理分配难易不一的知识，调整浏览方式，让学生可以根据自身学习需求选择相应课程，达到课堂学习、课后复习的学习效果，从而加强学生自主学习能力。此外，高校还可以在校园网站中为学生分享微课内容，通过校内传播的方式让学生从中寻找更加适合自己的学习方式，以引起更多学生的注意。

（4）加强微课教学模式灵活性

高校英语教师在制作微课视频后，可以在微课平台进行发布，便于学生相互推广、传播，促使学生有效提升学习和复习效率。同时，教师可以在课前发布微课视频，让学生预习准备，在视频下方为学生注释该文件的重点内容，帮助学生准确抓住学习重点。在视频内容方面，对于一些单词的讲解，教师需要减缓阅读频率，便于学生在观看中跟读。此外，微课平台中还要为师生提供交流机制，便于学生遇到问题及时提问，学生也可以在微课中上传视频，但是需要教师观看后才能外放与传播。这样一来，学生便可以打破学习环境和时间的束缚，与教师在线上进行交流和沟通，学习方式也更加灵活化。在此过程中，教师可以为学生安排不同课程的测试作业，让学生在观看视频后进行答题，帮助学生衔接知识点，以此增添微课教学模式的趣味性。

（5）应用各项科学技术辅助英语教学

高校课堂教学中融入信息技术，既是时代发展的必然趋势，也是高校提升教学效率、教学质量的有效方式。因此，高校英语教师首先需要转变自身教学观念，积极采用各项技术用于教学辅助。由于高校英语教学中存在大量词汇，从而需要学生深入理解英语单词意境，才能够将其应用在实际生活中。在此过程中，高校英语教师可以借助多媒体技术为学生播放有关词汇的英语电影，以此激发学生对英语语言的学习兴趣，学生在观看过程中也会逐渐提升口语能力。同时，高校英语教师也可将微课模式结合课堂教学，借助微课模式作为辅助教学工具，弥补传统英语课堂教学弊端，鼓励学生将微课作为复习方式，在微课平台中强化知识体系，共享学习资源。此外，由于微课内容简短，教师可将其播放时间合理控制在15分钟左右，不可过多地占用课堂教学时间。

3. 微课模式的注意事项

（1）明确教学主题

因为微课的中心思想就是一段短小精悍的教学视频，一般用时大约8-15分钟，所以，微课的教学主题要言简意赅，教学内容犹如学术论文中的摘要一样，让大学生一目了然，教学目标根据主题有的放矢地进行。教师可以根据所教课程的某一个知识点或者具体的教学环节，进行别具特色而又完整统一的教学规划与设计。微课教学不但要具有生动性、形象性，而且教学的主题思想也要突出，重点与难点要体现出来。

（2）把握教学方案

微课的教学方案设计是决定微课教学成功与否的重要因素。微课的方案设计可以围绕教学过程、教学目标与教学模式而进行。就教学模式的设计而言，英语教师不但可以运用于多媒体教室里或者课堂上，而且可以运用于实训室、实践基地、真实场景等。教学过程不但可以运用屏幕录像软件进行录制，而且可以运用具有摄录功能的设备拍摄。另外，教学模式也要丰富多彩，教师在运用微课教学过程中，根据实际情况不但可以运用语言向学生答疑解惑，而且可以和学生互动交流，不但可以成为学生学习的引导者，而且可以成为学生学习的亲身示范者等。

（二）打造课堂情境教学、创建高效大学英语课堂

情境教育是指学生在设定的真实语用环境中直接使用语言，以实践的方式学习语言知识的一种教学模式。情境教学法具有的"真实性，开放性，深刻性，持久性"特征能够增强学生的语言实际运用能力，紧密地将学习内容和实际应用场

景直接联系起来,培养学生学习的自主性,激发学习兴趣。在教师设定的情境中,学生是主体,具有较强的学习自主性,学生根据自己的判断决定情境中事件的发展走向。尤其在具有问题和矛盾的情境中,学生需要设身处地地发现问题,分析矛盾并提出恰当的解决方法。往往一个具有问题或矛盾的情境能够很好地锻炼学生独立思考解决问题的能力,让学生在互动的过程中实现价值观的交流与提升。

与高中阶段以及义务阶段的英语课程相比,大学英语的应用性更强,学生除了要学习基础知识之外,还需要掌握相关的英语文化,在口语表达、英语写作等方面获得更多的实用性技巧,这是培养高素质全面发展人才的必要途径。为了帮助学生实现高效的英语输出,教师要创建语言环境,通过情境教学的方式来帮助学生解决在语言输出过程当中遇到的问题。在情境教学的过程中,现代信息技术的融入是十分有必要的,这可以帮助学生调整语音语调,提高口语水平。教师要将现代信息技术融入英语教学活动当中,为学生设置疑问情境,并对学生在社会生活当中常见的场景进行仿真模拟,这可以在课堂上营造良好的语言输出环境,进而提高课堂教学的效率。比如在学习《I have made some new friends》这篇课文的时候,教师可以基于现代信息技术创建教学情境,营造关于在大学里面如何交朋友的讨论氛围。在教学活动开始之前,教师可以先利用多媒体来为学生出示如何交朋友的观点,然后引导学生在课堂上演出交朋友小片段,鼓励积极参与表达,并结合具体的社会现象来分享真正朋友的定义和理解。在这之后,教师要求学生带着自身的观点来学习课文,这样可以起到事半功倍的效果,学生能够时刻处于积极思考的状态,课堂学习效果得到了显著的提升。

(三)基于课堂任务教学,激发学生英语学习主动性

大学英语课程当中包含着丰富的内容,在教学的过程中基于任务教学法可以改变学生参与感和互动感不强的问题,将他们在英语学习当中的主动性和积极性激发出来。在任务完成的过程中,学生之间需要进行对话性互动,这不仅可以培养学生的协作意识,同时也可以提高他们语言习得的效果。在现代信息技术与学科教学深度融合的背景下,学生可以利用互联网、基于网络学习平台完成自主学习。培养学生的主动学习意识和自主学习能力是重要的教学任务。为了实现这个目标,教师可以利用现代信息技术开展任务型教学,使英语课堂具有更强的开放性和自主性。比如在学习《Welcome to our department》这篇课文的时候,教师要将课文当中的重要单词和用法整理成课件上传到云端教学系统,同时向学生说明目标和任务"(1)master some basic words and phrases;(2)ask for and give suggestions;（3）have a better preparation and understanding of college life."这三个教学任务和教学要求，要求学生根据自身的时间来制定学习计划，完成相应的学习任务。在这个过程中，学生的主体地位得到了充分的发挥，有利于自主学习习惯的养成。

（四）创新教学平台、全面提高学生自主学习能力

在教育信息化的背景下，高校英语教师在开展课程教学的过程中也要与时俱进，改变传统的教学模式，将学生放在主体的地位，结合学生的特点来选择他们喜闻乐见的教学方式。在这个过程中，教师可以在学校技术人员的帮助下开发具有学校特色的大学英语教学软件，将现代信息技术融入教学活动的各个阶段，促进学生的个性化学习，同时提高学生的自主学习能力。同时，各个学院的英语教师还可以融入学院特色创建英语学习平台，为学生自主学习创造条件。比如在学习《Where did your money go？》这篇课文的时候，教师收集关于"college students' monthly expenditure"的视频短片，并将其上传到校园网络当中，引导学生基于教学软件的相关功能进行自主学习。在这个过程中，学生可以基于软件来完成生词的预习和词组的学习，然后进行课文阅读。在课堂上，教师可以引导学生就"how to spend money wisely"这一话题展开讨论，培养学生的口语表达能力。最后，教师还可以引导学生对全文进行总结，形成 report，并以课后作业的形式上传到系统当中。通过审阅学生的作业，教师可以了解学生的学习情况，进而有针对性地对后续的教学活动进行调整。

（五）利用网络工具，制作专业的英语教学课件

教学课件的存在能够为课堂教学工作的开展提供重要参考，提升课堂教学节奏，减少教学中不必要的时间消耗。在教学中可以提前把设计好的问题和参考答案显示出来，让更多学生能够关注到知识点的学习。教师可以利用 Authorware 和 Power Point 等软件来制作教学课件，在演示文稿中插入图像、动画和音乐等，让教学内容更加形象生动，学生直观地了解需要讨论和学习的话题。很多英语知识点可能难以表述出概念和行为，则可以结合计算机设备的应用，为学生展现出动态化的图形和文本，让教学内容更加形象生动，在英语学习中也能够具备形象思维，提升教学效率和教学质量，让学生和教师能够加强互动交流，明确学生的课堂主体地位。

（六）利用人机交互，强化英语交际能力的培养

在英语信息化课堂教学中，可以提前让英籍教师和美籍教师录好音，也可以选择有录像的原文段落，让学生了解文章内容的不同语音语调，在课堂上创设符合生活实际的交际环境，让学生能够有可以模仿的对象，培养学生的口语语感。在课件中还会添加标准的英音词、美音词朗读技巧，在阅读完成之后会有停顿，方便学生跟读。利用人机交互的方式不断强化学生的英语学习能力，培养学生的口语交际能力。

（七）利用互联网课件，开展第二课堂教学

高校英语课堂有必要为学生们提供第二课堂教学，帮助其巩固在课堂教学中学习的理论知识，让学生能够独立思考。学生们在学习课件内容时，由于课件内容跟课本内容相互配套，所以能够了解更加全面的教学知识，例如所学课文的背景知识以及原作者国家的风土人情和历史文化发展情况等，通过网络寻找有声资料作为听力练习材料，能够帮助拓展学生的学习视野，掌握更多的词汇量。

（八）利用网络技术，实现远程教学

远程教学指的是教师和学生身处异地，可以利用网络通信技术完成教学和学习工作。在网络环境中，学生们能够自主掌握学习时间，可以向网络中的一流教师进行请教，阅读世界上著名图书馆的藏书。网络中有最新颖、最全面的教学资料，学生们在网络学习环境可以互相传输电子邮件，实现远距离学习。拥有相同学习问题或者学习兴趣的学生还可以相互讨论分析，互相交流自己学习的意见和观点。学生们利用网络中的 Telnet 登录到网上服务器，利用计算机设备分享信息资源，实现沟通交流。高校教师为了把信息技术优势充分利用起来，需要加强对先进教学理念的学习，明确学生的课堂主体地位，打破传统英语教学时间和空间方面的限制，把某些学习任务布置到课后，让学生能够在网络中完成。远程教学能够充分激发学生的学习兴趣，让学生拥有更多的时间来主动思考、发现问题、解决问题。

第三节　英语教育教学与信息技术融合的意义和价值

一、英语教育教学与信息技术融合的意义

（一）创建英语教学资源的共享，实现即时学习的目标

互联网最大的优势就在于为人们的信息共享创造了条件。在现代信息技术与学科教学进行融合的过程当中，教师可以基于网络教学平台来向学生提供丰富的学习资料，为他们创造良好的学习空间，进而为他们的自主学习创造条件。与此同时，这些网络学习资源还可以丰富教材单一的学习内容，使学生在掌握单词含义、句子结构的同时有机会了解英语文化，掌握更多的背景知识，进而对所学内容形成新的理解、产生新的思考。通过教学资源的共享，学生的视野得到了开拓，在学习过程当中的互动感得到增强，这有利于《大学英语》教学目标的实现。除了在课堂上为学生展示丰富的学习资料之外，教师还可以在课后为学生提供丰富的教学资源，使他们通过移动终端实现随时学习、随地学习，这有利于促进学生的全面发展。

（二）针对学生的基础和兴趣实现个性化教学

《大学英语》是高校的公共必修课，但是经过近十年的英语学习之后，学生之间的英语水平展现出了较大的差异。在学科教学的过程中，为了提高教学效果，开展个性化教学是十分有必要的。而现代信息技术就是开展个性化教学的重要工具。基于信息化教学平台，学生可以根据自己的英语基础和兴趣进行自主学习，在单词、语法、阅读、写作、文化等众多的学习模块当中选择适合自己的展开学习，这有利于激发学生英语学习的热情，同时可以帮助基础比较弱的学生树立起学习信心。基于现代信息技术，教师可以展开分层教学，对于基础薄弱的学生，将词汇、语法等知识点的掌握作为主要目标；对于基础较好的学生，则可以引导他们进行课外拓展。这样可以实现所有学生共同进步、学有所得。

（三）实现了学生成为学习主体的新教学模式

当前，部分学校在开设《大学英语》课程的时候，仍然采用传统的模式来进行教学。虽然高校学生已经摆脱了高考的压力，但是仍然面临三、四、六级英语考试的压力或者专科生还面临专升本的英语考试压力。教师在课堂上除了向学生讲授基础知识之外，还会向学生传授一定的过级考试技巧。现代信息技术的融合

可以更好地丰富英语教学模式，使师生的角色由传授者转变为引导者，学生由倾听者转变为学习者。在这个过程中，教师还可以运用微课、慕课、翻转课堂等现代化的教学模式，引导学生主动学习。在运用现代信息技术的过程中，教师要平衡好技术与教学的关系，将现代信息技术的优势更好地发挥出来，同时做到劣势和弊端的规避，将学生的积极性更好地激发出来。

二、英语教育教学与信息技术融合的价值

（一）契合个性化英语教育的需要

教育改变人生，技术改变教育。我们从农业社会的教育、工业社会的教育，已经进入到信息时代的教育。工业时代最重要的两个特征：标准化、流水线，所以工业社会的教育是以老师、课堂、教材、导师为中心的教育，虽然我们实现了规模化，但也带来了同质化的教育。到了信息社会，互联网的接入使人们进入信息时代的教育。这个时代我们更需要个性化的教育，从以知识的传授为主的教育转到以能力为先、德育为重、知识为基的教育时代，所以整个教育形态正在发生变化。工业时代我们考虑的是机械思维、工具思维、甚至演绎出逻辑思维，那么到 IT 时代我们应该给学生更多的计算思维、编程思维、创新思维以及逻辑思维。这些能力和思维的转变对高校英语教育提出了更高的要求。

（二）打造全新的教育支撑体系

社会进入信息时代，如何构造信息时代新的教育支撑体系，这是高校英语教育所面临的挑战。什么是教育信息化？教育信息化需要以人的发展为本，通过信息技术与高校英语教育教学的深度融合来重构、重造、重组新的教育体系和流程，以转化教育的动力结构。从工业时代的教育体系过渡到 IT 时代的教育体系、支撑体系，来构建信息化时代的学习、提升教育的内在能力，构建新的学习生态，这是教育信息化的目的。信息化的实质，就是重组与再造。信息化有其自身发展的规律。2012 年发布了中国第一个国家教育信息化 10 年规划，10 年规划分为两个阶段，起步和应用阶段及融合和创新阶段。到 2017 年底我们已经完成了第一个阶段，进而转段到教育信息化 2.0 阶段，即融合和创新阶段。如果我们的教育教学离不开信息化、离不开信息技术即意味着进入了融合阶段。进入融合之后才能到再造创新阶段。现在我们已经全面进入到信息化 2.0 阶段，重塑教育与生态。2018 年教育部发布了中国《教育信息化 2.0 行动计划》，标志着我们从 1.0 开始转

到 2.0 阶段。1.0 阶段是建设和应用阶段，新瓶装老酒，用信息化的工具做工业化时代的教育；2.0 阶段即要进入到新瓶装新酒的阶段，用信息化的手段做信息化时代的教育，对教育的支撑体系进行重组和再造。

（三）提高高校英语课堂教学效率

高校英语专业的课程的理论知识安排得都比较多，这样一来，教学内容就显得非常枯燥无味，导致许多学生不能在英语课堂上聚精会神地学习。高校英语教师在课堂教学中可以科学运用现代信息技术来进行辅助教学，现代信息技术具有丰富多彩、惟妙惟肖的特点，可以根据大学生的实际情况选择时间进行教学，这样，就有效地激发了大学生的学习积极性，科学提升了教学效率。

（四）科学培养学生的自主学习能力

现代信息技术具有运用方便、时效性较快的特点。例如：微课每节课设计的教学内容都可以是一个关键点，所以学生在有限的时间内就可以了解学习内容，微课的这些特点为学生课后的自主学习创造了愉悦的氛围。无论是在公交车上，还是在餐厅；无论是在地铁上，还是在临睡前，大学生都可以自由自在地进行学习。这样，不但大学生学习了英语知识，而且还培养了自己的自主学习能力。

（五）提升学生独立思考素养

在网络学习中，教师应该将课程还给学生，不仅应该将知识传授给学生，还要帮助学生建构知识。在英语知识的讲授中，教师要对所学的知识进行加工，教师也要适当放权给学生。学生对课本以及相关学习素材进行合理选择，根据自己的兴趣来选择英语学习内容，学生还可根据自己的学习进度、学习需求来科学调整学习计划，逐步得到提升。学生充分考量自己的身心发展特征、兴趣爱好以及学习能力选择适合自己的学习方法，不断对学习方法进行优化，从而选择适合自己的学习方式，完成学习任务。学生在课程中展现出能动性，不断对语言特征进行概括，掌握大量语言知识，找到那些具有学习意义的知识，从而实现学以致用，不断提升自己独立思考的素养，改善英语学习效果。学生的学习兴趣也关系着学生的学习质量，教师要注重兴趣养成，通过多元化方式来激活学生的学习积极性，从认知学习理论角度来看，学生学习知识是外部环境对内心的反映。信息技术可以增加传输信息的途径，刺激学生的多重感官，让学生的大脑更加活跃，从而改变短时记忆的问题，提高记忆力，提升学习质量，在教学中，教师要科学应用信息技术手段，改善学生环境，让学生拥有饱满的学习热情，在兴奋的环境中获取更多的知识。

（六）锻炼学生团结协作素养

在信息技术中，教师和学生需要不断加强团结协作。从英语学习的层面看，语言输入应该超越学生现有知识，学生在情境中与他人进行交流合作，从而获取新的信息。在真实的环境中，教师需融入足够的情感，调动学生认知，引导学生主动合作、参与，这样才能改善学习效果，并将在情境中学到的知识进行内化，不断扩充新的知识和能力。换句话说，协作能够完善学生的认知。在信息技术的环境中，学生是小组学习的一分子，需要共同完成学习目标，借助论坛和电子邮件的形式进行交流，针对同一知识进行合作，在学习中进行探讨，分享自己学习的知识，展现出集体的智慧，从而达成既定的教学目标，强化交流与合作，可以激活学生的学习积极性，帮助他们更好地巩固所学内容，提升其各项素养，提升学生对于社会的适应能力。当学生在学习中有不懂的知识，就可以运用信息技术与教师和其他同学进行交流，学生们一起集思广益，充分发表自己的想法，既能锻炼发散思维，还可以获得强烈的学习欲望，锻炼自己的创新思维，拓展英语知识的深度，并树立团结协作的精神。

教师将信息技术与高校英语课堂进行有效结合，可以推动英语课程的变革，改善英语教学的效果。信息技术手段的应用，能够为英语课堂赋予多元的空间支持，提高学生的学习积极性，改变原有固化的英语教学模式，让知识的呈现变得丰富、生动，激活学生的主观能动性，为学生提供理想的学习环境，从而引导学生对知识进行深层次思考；在有限的课堂时间内给学生传授知识要点，活跃知识内容的传递，将抽象英语知识转变为视频或者音频内容对学生进行展示，能够提高学生学习的效率与质量。全方面促进学生各项能力的发展，锻炼其听、说、读、写等方面的能力，促进学生的可持续性发展。

第五章　现代高校英语教育教学的现状与创新

本章针对现代高校英语教育教学的现状与创新展开论述，围绕四个方面进行阐释，依次为高校英语教育教学的目标与现状、高校英语教育的教学方法与教学管理、高校英语教育的课程规划与课程评价、高校英语教育教学的新理念与新模式。

第一节　高校英语教育教学的目标与现状

一、现代高校英语教学的目标及转型

（一）高校英语教学目标的内容

《大学英语教学指南（2020版）》中确定的大学英语教学目标是：培养学生的英语应用能力，增强其跨文化交际意识和交际能力，同时发展其自主学习能力，提高其综合文化素养，使其在学习、生活、社会交往和未来工作中能够有效地使用英语，满足国家、社会、学校和个人发展的需要。

所以探索培养高素质应用型人才的大学英语教学，关系到能否培养出适应我国经济发展的国际化人才。基于高素质应用型人才的英语教学目标应为以下几点。

1. 具备阅读专业英语文献能力

高素质应用型人才应具备较强的外语能力和较高的专业素养。有研究表明，从自然科学、社会科学、艺术与人文科学发表的论文中，英语越来越成为主导语言，近年来"约97%发表在SCIE期刊、95%发表在SSCI期刊，以及73%发表在A&HCI期刊上的论文都是英语"。国际文献是获取专业前沿信息的重要来源之一，专业英语文献阅读是了解世界前沿的理论和成果的重要途径，是获取最新知识不可或缺的手段之一。具备自如的查阅英语文献的能力是高素质应用型人才必备的专业能力之一。

2. 具备良好的英语语言应用能力

《教学指南》提出："大学英语教学以英语的实际使用为导向，以培养学生的英语应用能力为重点"。在确定英语课堂教学目标时应把培养学生的英语应用能力摆在第一位，使学生在未来的工作和生活中能有效地使用英语，包括用英语进行口头和书面表达，能够参与同专业相关的国际交流，既能了解世界前沿科技水平，又能用英语讲中国故事、传中国文化和发中国声音。

3. 具备跨文化交际能力

当下世界正处在多样文明交融互通的时代，各国相互依存、相互联系的程度空前加深，经济全球化、文化多元化使得跨文化交际能力成为高素质人才的新诉求。英语是全球使用范围最广的语言，是欧美文化的主要承载基础，是全球科学和文化沟通的重要工具。

（二）现代教育观到后现代教育观的转向

随着具备开放、共享、交互、协作四大特征的信息化时代的到来，教育的价值取向和发展路径发生了根本性的转变，知识信息化、信息技术化、技术工具化、工具智能化已然是不可逆转的发展方向，由此知识化生存转向信息化生存和智慧化生存，同时带来四个方面的变化。

1. 知识权威性的弱化

大学英语教师基于自身体验和广博阅读而获取的有关英语语言与文化知识，在信息化时代已经无法筑起权威的堡垒。挑战与质疑知识权威，在当今大学校园已然司空见惯，大学生更习惯于借助网络引擎搜索了解知识、求证真伪，而不是向老师求教。世界是多元的，时代呼唤批判性思维和多面思维，"质疑老师的观点"，曾经被视为离经叛道之举，而今却屡受追捧。具备分析与比较、抽象与概括、批判与创新能力，这是这个时代对大学生思维能力这一核心素养的基本要求。

2. 经验间接性的强化

大学英语教师通常承担大量的"重复课"，也就是教授不同班级相同的大学英语课程，对教材烂熟于心，教学经验也极其丰富，在20世纪末以及21世纪初，经验越丰富的大学英语教师越受追捧，但是随着信息时代的来临，以往需要依靠时间积累的经验可以通过网络间接获取，经验可以分享和共享，别人的经验可以间接成为你的经验，以往需要依靠身体力行亲身体验的实践过程借助虚拟现实技术可以足不出户轻松完成。

3. 学生自主性的提升

不管是在及时且丰富的英语语言环境下的"静态"网络自主学习，还是在实时或非实时的开放式交流环境下的"动态"网络自主学习，也不管是借助 PC 端的网络平台还是使用移动端的 APP 开展自主学习活动，当今时代的大学生都能应用自如。第四，学习生态圈的重构。由于信息化时代的冲击与挑战，现代教育观到后现代教育的转向悄然到来，也促进了大学英语学习生态圈的重构，网络社会互助共享式学习已是大势所趋。

（三）基础范式到内容范式教学观的转向

基础范式到内容范式教学观的转向是一个颇具挑战性和颠覆性的选择，这一转向将呈现如下特征：

（1）抛弃了纯技能的语言训练方法。实现从"语言"教学到"意义"教学的转变，从形式教学转向功能教学，从技能教学转向内容教学，从单一学科支持转向多学科支持。

（2）抛弃了传统的语言唯一标准。在 CBI 教学理念的影响下，传统单一的学习内容、以"内容为辅、语言为主"的教材编排形式都将被颠覆，实现知识体系和语言技能并行，学科知识与语言教学融合。

（3）确立了多元的教学内容与形式。培养学生的自主学习能力、沟通协作能力、国际学术交流能力、文献搜索与阅读能力、写作与演讲表达能力等将成为大学英语教学的终极目标。

（四）英语综合技能到核心学习力培养目标的转向

大学的使命在于培养学生独立思考能力（批判性思维能力）和自由创新能力。当今大学教育过分强调与市场经济接轨，过分注重工具理性，价值理性被严重低估与忽视，在经世致用思维和实用主义思潮的冲击下，人被"物化"似乎已是不争的事实。

大学英语教学从培养学生英语综合技能到核心学习力的转向，重视全人教育，旨在解决英语教学工具性与人文性失衡的问题，实现教育目标对教学目标的替代。随着我国"一带一路"战略持续深入，国际交往日趋频繁，国际影响不断增强，参与全球治理能力不断提高，培养大学生的英语阅读、思考、表达这三大核心学习力已然是大势所趋。

二、现代高校英语教育教学中的现状

目前,大学英语教学水平随着教育改革得到很大提升。无论是教师还是学生都更重视英语这门主要学科,有很多学生甚至认为大学学习中只要通过英语等级考试就算是完成了英语学习目标。经济全球化发展,为英语带来的发展空间也更加广阔。英语被广泛地应用到工作生活中,高校也在不断强化学生学习英语的能力,并且英语等级考试成绩还关系到学生能否获得学位,通过这种方式来促进学生主动学习英语。从英语教学开展的实际情况来看,大学英语教学还是以基础语言教学为中心,教学内容主要是听、说、读、写,而读、写则是其中的重点,一般以听、说为辅。目前,教材内容虽然得到了相应的更新和完善,但是在实际的教学中沿用的仍旧是传统的教学手段,所以就导致学生在学习英语时事倍功半。

(一)高校方面

伴随网络信息技术高速发展并广泛应用于教育领域,我国各大高校英语课堂着力推进信息化改革,但却受到诸多阻碍因素。许多高校所配备的多媒体教室相对落后,电脑配置较低,难以满足日常课堂教学的需求,学校方面对多媒体教学设备建设投入力度明显不足。然而教学设备的不足和老化问题,在很大程度上影响了英语课堂教学成效,诸多图片、文字等资料,难以通过多媒体设备展现给学生,仅能够通过语言描绘的传统教学模式,阻碍了课堂教学效率提高。另外,英语课堂教学的信息化改革,还需要打造线上教学资源库,高校对此缺少重视度,人力、物力资源投入不足,无法为学生展开线上学习提供支撑。

(二)学生方面

在社会高速发展背景下,我国对人才提出更高要求,特别是对英语能力,要求具备听、说、读、写、译综合能力。高校作为社会人才输送的主要阵地,学生的英语能力培养至关重要,然而近年来,高校招收生源数量不断增加,但学生英语水平却具有较大的差异性,且学生对英语学习的兴趣偏低,部分学生甚至存在厌学、恐惧心理。究其原因,与高校学生英语基础参差不齐有很大关联性,许多学生认为非英语专业无须认真学习英语知识,缺乏自我管理与提升意识。久而久之,高校英语课堂教学分化十分严重,教师知识输出成效难以理想化。

(三)教师方面

1.英语教师之间综合素质与能力差异显著

教师与教师之间作为不同个体,综合素质与能力具有显著差异性,而教师的综合素质水平正是影响课堂教学效果的关键因素，当前高校英语教师综合素质水平有待进一步提高。当前许多高校英语教师仍然秉持传统落后教学理念，在教学中对现代化教学手段辅助秉持怀疑态度，不愿意积极主动创新教学模式，这对课堂教学改革产生较大影响。并且许多教师虽具备较高的学术能力，能够撰写高水平论文和参与各类英语演说，但投入到实际教学却很难获得良好教学成果。究其原因，是自身的授课技巧、教学水平不足，且需要应付日常繁琐的工作内容，缺少学习和外出进修机会。

2.英语教师队伍建设不全面，思政意识欠缺

英语教师队伍及其学历结构不合理的问题在高校普遍存在，具有高级职称的英语教师人数并不多，有一些英语教师学历较低，只有本科学历。此外，高校英语教师基本很少有出国进修和培训的机会，所以大学英语教师的水平参差不齐。由于授课任务十分繁重，这也直接影响高校英语教师参与教学科研活动，最终影响到他们教学水平以及科研水平的提高。培养学生的英语综合应用能力需要一个过程，并不是一朝一夕就能实现的，要求教师的听、说、读、写、译等技能较强，综合运用语言的水平较高，从而顺利地开展大学英语教学活动，全面提高英语教学质量和教学效率。

大学英语教师是实施课程思政的重要核心之一，首先教师需要具备较强的思政教育素养，深刻的认知其不会干扰和弱化专业课程的教授，相反思政教育会提升教学的人文、思想性，将教学内涵进一步的深化，有助于教学效能的提升。教师不仅仅要提升专业的知识技能，还要加强对思想政治的理论知识的学习，强化自身的道德修养，才能够在英语教学过程中引导学生领会和学习新时代中国特色社会主义精神和思想，充分发挥出教书育人的作用，并成为中国先进文化和传统文化的教育者和传播者，教师要以身作则培养学生的人格、观念和思想。教师要坚持以德施教和以德立身，进而言传身教地引导和熏陶学生建立高尚的道德情操。

（四）教学方面

1.英语课堂教学模式单一

当前我国高校英语课堂教学实施的过程中，十分注重英语知识讲解、词汇记忆的教学，而在一定程度上忽略了实践教学，无法有效培育学生的英语知识应用能力。理论教学与实践教学脱节，造成学生掌握充足英语知识，但却很难展开良好的英语交流。另外，英语教师不注重因材施教和合作教学，原本高校学生英语水平参差不齐，一视同仁的教学模式，导致部分学生难以真正掌握英语知识点。

合作学习同样是不可或缺的教学模式，是开展角色扮演、情景演练的基础，亦是提高学生团队合作能力、知识探究能力以及语言应用能力的必要手段。但许多高校英语教师对此认知不足，仍然采用传统教学模式和策略，导致课堂教学效果较差。

2. 教学模式与手段单一化与局限化

目前，很多英语教师在开展教学活动时，多以传统教学模式为主，长期在这样的教学模式下开展课程教学，其教学的多样性不足，缺乏一定的教学活性，学生学习的主动性、积极性很难被调动和激发起来，不利于英语教学工作的更好开展。同时，英语教学手段与方式单一化，过分重视英语理论性教学，一味地依赖英语教材与教学大纲按部就班地开展教学活动，教学缺乏趣味性，课堂的教学氛围不活跃，影响英语教学水平的更好提升。

3. 教学实践性不强，缺乏教学实效性

在当前的英语教学过程中，很多英语教师过分重视学生英语成绩的提升，对于学生英语听说读写实践能力的提升有所忽略。尽管高校大学生从小学开始就已经学习英语知识，如简单的单词、词组等，但是经过十几年的学习，英语听说读写能力与水平依然很一般或者很差。很多学生仅用英语进行简单的自我介绍都不会，更别提流利地运用英语来进行交流与沟通了。同时，高校的英语教学缺乏较强的实践性，对于英语语言应用实践性缺乏必要的重视，教学的定位与目标和英语专业人才培养的目标不匹配，从根本上来讲，不利于学生更好地发展。

4. 学生教学主体性地位没有得到应有的重视

随着素质教育、教学改革工作的不断深入，学生的教学主体性地位应该得到应有的关注与重视。但是目前很多教师在英语教学过程中，并没有充分重视学生的教学主体性地位，且在实际的教学中，教师是教学的主体，学生则处于被动受教的地位，学生对于英语知识的学习仅仅局限于课堂上、书本上以及成绩上，对于英语课外知识的涉猎、英语交际能力的培养都非常不利。

5. 教学内容无法与中学衔接，教学活动缺乏创新

中学英语教学与大学英语教学应该是相互衔接的，是无法分割的。对中学英语教学情况有充分的了解，对开展大学英语教学是非常有利的。在教学的过程中我们还会发现，大学和中学的英语教学内容有一些都是重复的，所以才会导致大学英语教育很难适应社会、经济、文化对人才的不同需求。因为大学英语教学没有衔接上中学英语教学，脱节非常明显，致使外语教学耗时长，也没有较高的教学效率。不仅如此，四、六级考试是当前大学英语教学中更为重视的部分，同时

分数又决定着毕业证和学位证，这种英语教学模式的特点则在于"应试"和"应付"，所以要培养出符合用人单位要求的人才并不容易。此外，大学英语教学中并没有与实际情况结合起来再确定教学内容，也没有进行分类指导，这就难以满足社会对人才的需求。

在单一的英语教学模式与环境下，教师与学生之间缺乏沟通与交流的桥梁。英语实践教学的内容比较局限化与单一化，教学的活动形式有待丰富与创新，学生缺乏一定的机会去锻造自身的英语交际能力与沟通能力，不利于学生更好地应用英语来进行灵活的交际与表达，制约了英语实践教学能力的提升，阻碍了优秀英语专业人才的有效培养。

6.教材内容和方向涉及的西方文化较多

现阶段高校英语涉及的版本较多，通常情况下册数也较多，其在文章的选取考虑得较为全面，对不同的领域均有涉猎。但是中国文化方面占据的版面较少，英美国家的西方文化占比较多，远远超过中国文化的数量，学生在大学英语学习的过程中，容易影响学生的文化意识，导致学生出现忽视中国文化重视西方文化的现象，这些对于学生的中国特色社会主义核心价值观建立和树立产生了一定程度的影响，对学生的三观影响也不小，导致有的学生非常崇拜西方文化，近乎盲目的状态。如，重视西方国家的圣诞节、万圣节、情人节等节日，忽略中国传统的元旦节、中元节、七夕节等，只记得西方国家的情人节，却忘记了中国传统的七夕节，这些现象都体现出来当代学生母语文化的缺失。

三、当前高校英语教学中出现不足的原因

（一）学生方面

1.学习方法不得当

在高校英语教学中，部分教师的教育观念还是以考试为主，从而导致学生在进行英语学习时也过分地注重期中期末考试成绩，因此，在进行英语学习时就更加注重死记硬背，从而导致学生对于英语学习产生厌烦情绪甚至恐惧。

2.学习兴趣低

高校阶段要从听，说，读，写，译等各个方面，要求学生来提高英语水平和能力。对学生的词汇量和语法基础的要求较高，从而导致一部分学生产生了畏难心理，认为英语词汇纷杂难记，英语语法错综复杂，从而导致求知欲下降甚至出现逃避退缩现象。

3.英语学习缺乏意志力

高校阶段的英语学习是一个需要长期坚持的过程，高校阶段的英语学习与中学时期相比较，更加系统化、规范化，并且需要学生具有更高的逻辑性，正由于高校英语学习难度的加深，导致部分学生在上课时会自我感觉难以听懂，无法理解教师所讲授的内容，长此以往，不懂的问题逐渐积累，想要重新填补以前的空缺的难度也进一步加深。而当一些缺乏意志力的学生，面对学习的艰巨任务就会产生一定的恐惧心理，从而不愿意训练英语技能，增强词汇记忆，积累的问题无法解决，从而又产生了新的问题，由此形成恶性循环。

（二）教师方面

1.教学形式过于单一，教学方法枯燥

在日常的教学过程中，由于每单元的授课内容较多，学习时间较紧，所以教师在课堂上采取的方式往往是灌输式的教学而忽略了新媒体技术在教学当中的实际作用。对于课文进行讲解时，往往只是通篇的翻译文章内容，对于部分重点知识进行强调，即使教师的出发点是为了让学生掌握重点内容，但却难以收到实际效果。学生会认为整篇文章都是重点内容，从而找不到真正的重点以及核心内容，导致在课堂学习上精力难以集中，无法跟上教师的教学节奏，从而导致学习效率低下。

2.对于教材的利用不够充分

英语教材的内容安排与结构设计是有一定的合理性的，当前运用的教材当中具有丰富的知识内容和背景，涉及了社会生活，经济政治等各个方面，与我们的日常生活也是密切相关的。在结构设计上，英语教材的难度安排是由易到难，对于学生的英语知识掌握来说是循序渐进的。但是部分教师在进行教学的过程中，却忽略了教材中的内容以及结构的安排，没有有效地将教学安排与新媒体技术有效结合，在进行课堂讲解时，难以调动学生在课堂中学习的自主性和积极性。

3.教师的教学观念较为陈旧

英语作为一种门外来语言，在进行教学的过程中，与其他学科的教学有一定的区别。在进行实际教学的过程中，会受到社会的一定影响，需要与社会和人的发展相结合，如果只是照本宣科，无法通过运用信息化技术做到与时俱进。除此之外，由于应试教育的影响，教师在进行教学的过程当中忽略了学生听说读写等基本能力的培养，忽略了英语实践能力的培养，导致学生只能够进行英语考试，却不能够进行英语的日常交流或实际应用。

(三)高校方面

1. 缺乏良好的英语学习环境

要想学习好英语,除了充足的词汇量之外,还需要良好的语法基础、英语思维模式以及良好的英语学习环境。但由于当前有部分高校的英语课堂中没有设置多媒体教学设备或设备陈旧,导致学生在学习英语的过程中无法进行沉浸式学习,导致学生对于英语学习的兴趣有所下降。此外,学生在课堂上基本上都是在听老师讲英语,而实际用英语交流和对话的机会较少,课后也缺乏口语训练,导致学生们的英语学习只是流于表面,无法得到实际成效。

2. 教学安排的不合理性

高校英语教学内容较多,而教学的课时较少。教师为了完成教学目标,只能够进行灌输式的教学,从而让学生的学习状态长期处于被动地位,导致学生的积极性逐渐下降。面对繁重的学习任务以及较大的学习压力,学生难以提高英语学习的自主性,并且很难将学习到的英语知识运用到实践当中。

3. 新媒体时代下的高校英语教育的挑战

在新媒体时代下,我国高校的英语教育在迎来创新机遇的同时也面临着相当的挑战。学生可以通过新媒体技术而获得更多的英语学习途径,这在一定程度上为学生的发展提供更多的方向,但是由于新媒体传播的信息较为混乱,从而无法保证学生获得的学习信息的有效性;此外,教师学习和运用新媒体技术,会占用一部分的时间和精力,使得教师在完成原本的教学任务的基础上,增加了一定的负担。

四、高校英语教育教学改革的途径探索

(一)科学制定英语教学目标,进行分级教学

不再以四六级考试通过率为目标,回归大学英语教学本身,以习近平总书记关于教育重要论述为根本指引,以学校事业发展目标为关键依据,在指南框架内,科学制定服务国家、社会、学校、学科和个人发展需要的具有校本特色的大学英语教学目标。目标既要体现校本特色,也要体现学科特色,主动为"四新"建设服务。不仅要以学生起点水平为依据,也要以终极发展为依据制定分级教学目标。

(二)改革英语教学模式,发挥学生主观能动性

改革大学英语教学模式是有效应对学时减少和要求提高的必然选择。无论采

用哪种教学形式，都要发挥学生的主观能动性。基于外语教学的 POA 理念，做到以下几点：

其一，合理设计课前、课中、课后教学目标，充分指导学生自主学习，充分发挥课中的关键性引导作用，坚持理论与实践相结合；

其二，充分利用各类教学资源，包括深挖教材育人元素、各类在线资源和自建特色资源等；

其三，制定全程性非标准化考核体系；

其四，以现代教学理念、学习策略指导学生学习，提高自主学习成效；

其五，充分利用信息教学平台，加强学习过程和学习效果管理，持续改进教学；

其六，构建师生学习共同体，如构建班级微信群或 QQ 群，适时发布信息，实时解决问题，做到沟通不断线。

（三）开展英语课程建设，立足课程思政育人

课程是实现人才培养目标的核心要素。教育部关于《一流本科课程建设的实施意见》（教高〔2019〕8 号）提出，要以目标为导向加强课程建设，破除课程千校一面，即使是全校公共基础课，也应根据本校人才培养目标和学情有所侧重，建设起具有差异化和个性化的"本—硕—博"贯通的大学英语课程体系和特色化的课程内容。以"双一流"建设的农林高校为例，既要兼顾学生入学基础，又要充分考虑学校和学科发展目标对英语的需求，也要通过大学英语培养学生知农、爱农的情怀。大学英语课程不仅承载知识传承和能力培养的功能，更承担着价值塑造的功能，价值塑造就是新时期的课程思政育人。大学英语课程教师要深刻领会指南精神、深入研究外语课程思政内涵，将育人理念贯穿于教学目标、教学设计、教学内容、教学方法和教学评价的全程，形成一个完整的闭环。

（四）构建线上线下英语交流平台，提升综合能力

要想提高学生的英语口语能力以及听力能力等综合性的能力，就要为学生创建一个良好的英语学习环境。然而，在开展高校英语教学的过程中，运用传统的教学模式，对于学生的英语学习来说，不仅无法激发学生的英语学习兴趣，甚至会让学生产生枯燥乏味的心理。当前的高校生已经对信息化平台具有了一定的掌握能力，通过构建一个信息化的英语交流平台，让学生通过线上线下相结合的模式并根据自己在课堂当中所积累的英语知识来锻炼自己的听力及口语等综合能

力。教师可以以班级为单位建立英语学习的微信群、QQ 群、学习论坛等，并在交流群中定期地举行学习交流活动。有机会还可以请外教为学生开展英语直播教学，通过线上交流与线下互动相结合的教学形式，能够有效地提高学生的综合能力和素养。在线下，通过在教室内引进先进的新媒体设备，搭建专门的教室，为学生的各项技能训练营造一个良好的学习环境，帮助学生进一步地改善自己的听力口语水平以及综合运用。

（五）建立英语文化教育平台，提升英语文化素养

在英语课程教学中，对于文化的教育是不可忽视的。文化教育主要包括西方文化的教育和我国传统文化的教育。教师可以构建一个文化教育专项小组，共同运营微信公众号或抖音号，建立一个英语文化教育的专项频道。教师可以在微信公众号上定期推送西方文化或中国传统文化相关的文章，让学生在课余时间可以多多地了解文化知识；还可以在抖音平台上制作中西方文化教育相关的图片集或者视频，进行文化知识的教育普及。当前的大学生对于抖音这一平台的使用率较高，通过教师设立专项小组，负责推送文化教育抖音视频，优秀且丰富的文化知识，能够让学生运用碎片化的时间进行英语文化学习，不受空间与时间的限制，更好地提高自身的中西方文化知识和素养。

（六）利用新媒体技术丰富课堂教学内容，做好知识延伸

新媒体时代的到来，为英语课堂知识的讲授带来了新的方法和途径。通过新媒体信息化技术，能够有效地扩展课程中的知识内容，并做出一定的延伸，从而帮助学生进行更深层次的理解。因此，教师在进行英语课堂教学时，可以根据课程教学的需要，运用新媒体技术添加相关的文化背景教学，并提出相关的问题，引发学生的思考。教师可以运用新媒体技术，将文本，图片，影音等相关资料与课堂教学内容进行有机结合，从而丰富课堂教学内容，能够培养学生良好的学习兴趣。此外，教师可以建立英语教学数据库，将相关英语资料及链接等汇到数据库当中。学生根据学习需要以及兴趣爱好来进行检索，养成良好的学习习惯，以及浓郁的学习氛围。

（七）加强英语师资队伍建设，推进教学改革

教师是实现大学英语教学目标的关键，其语言优势已远远不能满足教学需求，需要加强全方位素养建设，所在单位要给教师提供相关平台、政策和制度等支持。教师个人要有自我提高的内在动力和压力，在信息技术高度发达、教学目标高度

综合的时代，教学理念、教学方法、教学管理、教学评价等都发生了深刻变化，需树立起以学生为中心的立德树人理念，加强教学研究和教学改革，不断提升育人能力，推进大学英语教学改革向纵深发展。

第二节 高校英语教育的教学方法与教学管理

一、高校英语教育教学方法的种类

（一）形成性评价教学法

在原有的教学过程中一般较多注重对学生学习结果的评价，并且评价主体比较单一，这样容易打击学生学习英语的积极性，同时不利于进一步提高英语学习效果。形成性评价，不仅对英语的最终学习结果进行评价，同时还对英语学习中的一系列要素包括学生的英语学习态度、英语学习习惯、英语学习方法等影响英语结果的要素进行评价。特别是高校学生培养质量直接关系到学生步入社会后的社会适应力，因此应该更加注重对学生英语应用能力的培养。在高校英语教学中采用形成性评价的教学方法，可以对影响学生英语学习的全过程因素进行分析，从而帮助学生合理调控英语学习过程，增强学生的自信心。形成性评价的评价主体不仅仅局限于教师，还包括学生之间的相互评价和学生自我评价、小组评价等多种评价方式。高校英语采用形成性评价的教学方法可以对学生学习过程中所表现出来的情感、态度和学习习惯等进行评价。同时通过多种评价方式，提高学生英语学习兴趣和热情，增加学生的竞争意识，在高校英语教学中可以对学生的英语表达能力、英语应用能力和英语学习习惯等多方面进行评价，及时发现英语教学中的不足之处，调整教学策略和教学方法，促进学生英语综合能力的提高。

（二）任务主题教学法

任务主题教学方法是教师根据教材和学生的学习水平设置一个相关的任务，学生通过个人或者分组形式在完成任务的过程中进行新知识的学习。任务主题教学法施行的关键在于任务主题的确定。任务主题教学方法可以增加高校学生英语的学习能动性，还能促进与其他学生的交流和沟通。教师可根据学生任务完成的情况发挥引导性作用，对学生的不足之处进行引导，从而更好地促进英语教学目标的实现。教师在进行主题设置时可以将主题设置与社会发展和生活实际联系起来，从而促使学生在英语学习中提高实践能力。同时，教师可以设置多个英语任务主题，给予学生较多选择。主题既要注重对学生英语基础知识的考查，同时也要注重学生英语学习能力的提升，让学生在学习英语的同时培养拓展能力，从而促进英语教学质量的提高。

（三）移动终端化教学法

当今社会是信息化社会，互联网普及程度加快，移动终端设备被广泛应用，在高校英语教学中采用移动终端化设备进行教学可以推动教育信息化，增加学生的英语学习热情。移动终端化设备可以利用互网络丰富教学资源和数据库，同时还可以将图像、视频、音频等多种元素融合到英语教学中，锻炼学生的听说读写能力。并且移动终端化设备可以巩固、加深和扩展所学的英语知识，促进英语学习形成一个完整的体系，此外，移动终端化设备还可以对英语学习过程中的不足之处进行完善。学生可以利用移动终端设备进行英语学习的交流或者沟通，教师可以选择一些英语电影或者英语新闻在移动终端设备进行播放，这样可以拓展英语的知识面，使学生更好地了解不同国家的文化习惯、政治、经济、历史等，增强英语的听说能力，提高英语的实践能力。

（四）小组教学法

在英语教学中可以采用小组教学法，就是将学生按照性别、英语学习程度和兴趣爱好进行分组。一般以 4—6 人为宜。在英语教学中教师先对教学目标、教学重点和难点进行分析，然后由学生进行分组学习，这样学生在英语学习中就可以充分发表自己的意见，与其他同学进行交流，明白自己学习中的不足之处及时进行弥补。可以在小组内部设立小组长负责小组讨论组织工作，维持小组纪律。小组学习完成后应进行小组学习成果展示，由教师对小组学习成果进行评价，这样既可以了解小组学习英语学习过程中的不足之处，也可以给出引导性建议，增强学生的学习效果，从而提高全班学生的英语学习水平，加强英语知识印象。

（五）情境教学法

情境教学法是指在课堂中创情境促进学生课堂知识的学习，课堂情境教学既能考虑学生的应变能力，还能考查学生英语的口语表达能力和英语知识运用能力，因此在英语课堂教学中可以创设超市、银行、医院等多种现实场景来提升学生学习英语的兴趣。情境教学可将教学环境现实化，促进英语课堂与现实场景的结合，增加了学生在高校的学习与现实生活的联系，为以后学生走向社会在各种环境中应用英语知识与人们进行交流和沟通打下了坚实基础。对高校学生采用情境教学方法既可以促进学生英语学习能力的培养，同时可以加强英语学习的实践能力，学生可以根据不同的情境采取不同的思考方法，从而提高英语学习中的积极性。

（六）差异化教学法

高校学生英语学习水平存在较大差异性，有的学生虽然基础知识掌握比较牢固但是英语口语表达能力比较差；有的学生只是英语听力比较差；还有部分学生英语表达能力比较强，但是英语书写能力比较差。这样学生的英语学习程度与教学目标之间存在一定的差异，而开展差异化教学重视了学生学习水平存在差异的客观性，从学生英语学习中的实际情况出发，根据学生英语学习中的不足之处，可制定差异化的教学策略。差异化教学开展的前提是教师要从多方面分析学生现在的英语学习水平，从而根据学生的差异化进行因材施教，差异化教学从学生的实际学习情况出发，有针对性地开展学习计划，充分尊重了学生的个体差异，增强了教师和学生之间的交流，促进了学生整体学习水平的提高。

二、高校英语教育的教学方法的优化方向

（一）灵活运用多种教学讲解手段

很多大学教师都拥有自己独特的教学方法。大学英语教学虽然有相应的课本，但老师不会以课本为主，会更加注重相关知识的拓展。例如词汇学习，老师会结合词汇搭配规律，抛出相应的短语释义，引导学生根据语法等思考相应的中文或英文，这样多层次、多角度、多样化、循序渐进地引导学生深入学习，优化词汇记忆流程，强化单词学习效果，逐步减少英语学习中的词汇错误，从而提高教学成效。此外，课本的每个单元都会有 个主题，老师也会根据这个主题寻找相关的英语视频、阅读等，通过各个方面来帮助学生彻底了解这个主题相关的内容，并通过趣味性的学习引入选词填空、语法分析等英语训练，帮助学生更加高效地学习英语，并和老师互动。例如一篇课文的主题是诗，老师便会引领学生去了解英文诗的韵母、韵脚等相关结构，朗读诗句，分析诗的结构、语言、单词为何改变位置等。大学英语教育不再单纯地以课本为主，需要引用多视角、多方法的讲解，才能够更好地吸引学生的注意力，从而达到较好的教学效果。

（二）增强师生互动，调动课堂兴趣

大学英语教学和的高中教学不同的是，教师更加注重学生和老师的互动，从

而达到课堂气氛活跃、学生充满兴趣的一个理想状态。在大学英语课堂授课过程中，多数学校对于英语课堂学习还是传统教师进行讲授，学生只是单纯地听课，课堂四十五分钟的学习时间，甚至有四十分钟是教师在进行讲解，师生之间的互动少之又少，很难做到课堂互动。老师会更加关注学生的参与程度，鼓励学生积极参与课堂发言，采取回答问题发小贴纸加分等形式，提醒学生参与课堂，并留下一些小任务，让学生在下节课上自主展示学习成果，从而缩短老师唱独角戏的时间，并能促进学生对所学知识更加深刻的记忆。

（三）注重课外拓展，补充趣味性趣味

除了课本知识，老师还会定期布置一些话题，让学生选择并进行英文展示，包括歌曲、影片、对某事的看法等，不仅帮助学生练习了PPT制作与资料运用的能力，更提高了学生的临场发挥能力以及给学生提供了英语口语展示的平台。这点在实训课上的表现尤为突出。实训课程要求学生练习听力与口语，因此老师会在课上随机选取部分同学检查他们的参与和完成情况，即通过学生的朗读反馈及时了解学生的学习成果，找出学生的不足之处，并提出可行性的意见。同时，在上课前老师都会播放一会儿英文短剧，促进学生进入学习英语的状态；也会在一些节日里播放一些电影片段，适当放松的同时营造出良好的学习英语的氛围；引入相关话题文章，引导学生思考与分析问题情境、语法结构，多方面营造一种沉浸式学习环境，让学生能够更好地参与学习、主动学习。

三、高校英语教育教学方法的优化途径

（一）采用整体教学理论，全面提升学习效果

在大学英语课堂上常常会出现这样的现象：教师在上课前挨个提问学生英语单词，而学生回答教师问题时往往显得十分为难。在这种教学模式中，学生没有学习的热情，他们学英语完全是应付考试、应付教师，学习效果十分不好。同时，教师也没有教学的激情。为了改善这种情况，教师应用科学的方法教育学生，让他们能够真真切切地看到自己在英语学习中的进步，让其感受到自己应用英语的水平在不断提升。只有学生从英语学习中收获了成就感，他们才有更大的热情与动力投入英语学习，这样，我国大学生的整体英语水平才能够得到有效提升。在实际教学工作中总结了以下几种方法策略。

1. 课前热身活动

课前热身活动在西方的外语教学中应用普遍，值得借鉴。它的主要好处在于能够让学生及时温习旧知识，提前了解新知识，并在即将要学习的知识中找到自己的兴趣点，努力激发学习英语的热情与动力。教师要积极为学生营造热情洋溢、生动活泼、团结友爱的课堂氛围，让他们从客观上和主观上都有学习的渴求。以单词辨音练习为例，教师先在屏幕上打出"1.beat 2.bit 3.bet 4.bait 5.bat 6.but 7.bought 8.boat 9.boot 10.bite"，再念一组单词，让学生记下并用英语说出相应的一串数字，这种课前活动既练习了听力，又练习了英文数字，还练习了区分单词发音。

2. 听写法

课前让学生听写与文章主题相关的一个文章片段。例如，在讲授《全新版大学英语》第四册 Unit3 Job interview 时选用了全国大学英语四级考试模拟题中的范文 How to succeed in a job interview 中的一段让学生听写，听写完后让他们分组进行讨论，并在课堂上进行小组交流发言。这不仅帮助学生理解了课文主题，而且把听、说、写有机融合在一起。

（二）营造积极教学氛围，加强师生交流互动

互动教育法指在教学过程中，师生之间通过双向互动、单向互动、多向互动、环式互动等进行英语学习。伴随着人们对教育规律的深入研究和对计算机技术的深入研究，如今的课堂互动不仅仅指人与人之间的互动，还包括人与机器的互动。丰富的互动给英语课堂注入了生机与活力，也提高了英语课堂的教学效率。在互动过程中，学生用英语畅所欲言，将自己学到的英语知识充分地向外界进行输出，不仅增进了学生之间的情谊，而且增加了他们用英语交流的能力。可以说，互动教学开启了英语教学的新纪元。

1. 师生之间和学生之间的互动

师生之间和学生之间的互动不需要借助任何技术手段，它主要通过小组活动的形式进行。至于每个小组的人数，可以根据实际需要确定，既可以是两个人，又可以是多个人。英美国家比较流行的专题讨论实际上属于比较高级形式的这种小组讨论。

2. 角色的互动

在角色的互动中，教师不仅仅是教师，还是学生，他们能够从学生那里学到一些有价值的东西；学生也不再仅仅是学生，他们能够教给教师一些教师不懂的

知识，即所谓"教学相长"。西方外语教学中的"值日生"制度让每个学生都有机会当一天"小老师"，这种做法值得借鉴。从"值日生"制度中能够获取启发，教师可以不仅仅只让学生有机会当一天"小老师"，还可以让他们有机会体验当记者、主持人、农民等，让其站在不同人的立场体验他们的情感与感受。

（三）灵活运用任务型教学法，精心设计课堂活动

"任务型教学法"是20世纪末由一些语言教育专家提出的。它的内容是，让学生和教师双方合作，通过完成一个个具体交际任务实现英语应用水平的提高。这种方法深受世界各国教师的欢迎。在学习过程中，必然有些知识看起来较为复杂，需要付出巨大的努力才能掌握。面对这种情况，一些学生会选择知难而退，这十分不利于提升其英语水平及长远发展。为了解决这个问题，教师不妨尝试采用任务教学法，将英语知识融入一个个简单的小任务，并设置与之相关的情境，让学生在情境中，通过完成一个个富有趣味性的任务逐步掌握复杂难懂的知识点。任务型教学法内容和模式主要有如下两种。

1. 拼板式任务

拼板式任务即让学生把一些零碎的信息组织成和谐的整体，例如，几个学生围坐在一起，每个人说出一句话或者一个词语，最后由一位学生把所有的词语、句子组织起来，编成逻辑性强、生动有趣的故事。

2. 信息差任务

在信息差任务中，每两个小组被视为一个整体。一个小组里的每个成员都有相互关联但内容不同的信息，另一组的成员都有与之对应的互补信息，每组的成员需要不断地和对方组的成员交流，试图套出对自己有用的信息，以达到完成任务的目的。

四、加强高校英语教育教学管理的策略

（一）以学生为本的教学，鼓励学生主动参与

叶圣陶先生讲过："教，是为了不教。"教师在传授知识的时候，应该将精力更多地放在引导学生主动学习上，注重培养学生的知识与能力、过程与方法、情感态度与价值观三维目标，注重学生的自我塑造，让学生成为学习的主人。而不是像一些教师为了把自己认为有价值的知识传输给学生，就忽视学生的自主性，力图以一己之力讲解完，这在一定程度上打击了学生学习的积极性。我的大学英

语老师就比较注重学生的参与，在课堂上提供很多机会让大家参与进来，包括碎片化阅读、听力填空等，把握英语口语、听力、阅读等多方面教学形式，鼓励学生寻找自己感兴趣的方向以及认识到自己的不足，从而更好地帮助自己提高英语水平。

（二）改善教学评估机制，多角度教学效果评价

教师采取单方面评价形式的情况居多，会导致学生形成一定的依赖性，甚至是抗拒性，时间久了，便对教师的评价不予理睬，无法认识到自己的不足和差距，从而被动参与课堂，减少互动，不能很好地发挥英语教学的实际作用。因此，老师可以将综合评价与学生自我评价相结合，引领学生制订出适合自己的自我评价标准，提高学生的参与感和学生对自主学习重要性的认识，从而帮助更多的学生学好英语，提高英语教学的质量。

（三）立足当下，加快教学内容的革新

目前大学英语课本还在使用的是好几年前的课本，内容上与现实存在脱节，英语学习文本的选择也与时代有一定的脱节。而学生感兴趣的往往是当下的热点，英语课本的时效滞后就导致学生对于课本本身的学习索然无趣。这就要求老师在立足于课本并拓展阅读时选择符合当下热门趋势的文章，让学生能够主动阅读。同时，由于大学英语老师普遍与学生之间存在一定的"代沟"，这也就要求老师积极主动了解当下的热门话题，能够在课堂上在解释词汇、语法时使用与之有联系的热门话题，引导学生积极参与到话题讨论学习中，寓教于学，让学生从被动学习变为主动学习。

词汇是英语学习的基础部分，同时亦是语言表达的必要材料，丰富的词汇储备能够提高语言表达能力，充分证明词汇在英语教学中的重要性。然而长期以来，英语词汇教学模式均十分单一，死记硬背的方式导致学生词汇记忆不深刻，学习效率极低。所以，新时代视域下高校英语课堂教学的改革与创新，要注重词汇教学方法的改革，结合具体教学内容引入多样化教学手段，切实增强学生对英语词汇的记忆度，强化课堂教学效果。在英语课堂词汇教学的过程中，应以听音为先，教师要为学生示范正确的词汇读音，并且帮助学生纠正发音不准确的问题，在此基础上进行适当的讲解，帮助学生标准读音的同时，加深学生对词汇含义的理解与记忆。另外，还可以根据学生的需求，选择多种单词讲解方法，例如选择题、半句翻译、选词填空等等，扩充学生的词汇储备量，强化词汇教学效果。

（四）加强翻转课堂和信息技术等教学手段的使用

学生的英语学习已经不能再仅限于以往的被动式学习，大学英语课堂需要积极引入更为调动学生积极性的教学方式。例如，通过翻转课堂可以将学生的身份变为老师，一方面加强其自主学习，另一方面也能够加强学生之间的团队合作。老师可以选取与课本内容有一定联系的话题，由学生分组进行合作学习，再运用课堂 PPT 展示等方式进行汇报，寓学于教、寓教于学，真正调动学生主动学习大学英语的积极性。

除此以外，伴随现代网络信息技术的高速发展，信息技术已经在我国教育领域广泛运用成为课堂教学有效的辅助工具，对于提高课堂教学效果具有积极意义。因此新时代背景下，高校英语课堂教学改革的过程中，可以加强多媒体教学设施建设，营造良好的信息化教学环境，同时英语教师可以借助现代信息技术手段，将一些学生难以理解的英语知识和思维，通过视频、音频、思维导图等多种形式呈现出来，这种教学方式不仅能够充分吸引学生注意力，提高学生课堂学习兴趣同时能够创设良好的课堂教学氛围，使学生从被动接受英语知识转化为主动探究学习。同时高校英语教师可以自主录制微课视频，将其作为学生课前预习以及课后巩固的有效学习资料，加强学生对英语知识和实际应用的理解，掌握英语教学中的重点与难点。在现代信息技术手段的支持下，高校英语教师可以构建线上线下混合式教学，加强学生英语自主学习能力培养，弥补传统课堂教学时间有限的弊端。

（五）创新课堂教学模式，构建完整语言体系

新时代背景下，我国高校英语贯彻教学改革，通过创新课堂教学模式来解决传统教学存在的诸多问题，其中合作学习是应用率最高且效果最为显著的教学模式之一，将其应用于英语课堂教学，有助于提高学生英语学习能力与课堂教学质量，并且合作学习还可以衍生多样化的教学模式。在高校英语课堂教学的过程中，教师会经常组织拼写比赛、猜词比赛、单词接龙等活动，可以根据学生意愿和英语基础水平，将学生科学划分为若干学习小组，运用合作学习模式，帮助学生完成词汇积累与运用。同时还可以组织不同小组成员进行情景对话，根据教材以及学习材料中的内容真实还原，在情景形成良好的课堂交流氛围，锻炼学生的英语表达能力。合作学习不仅能够提高学生英语学习兴趣，同时还能够培养学生的团队协作意识，帮助学生构建完整的语言知识体系。

(六)加强师资队伍建设,提高教师队伍质量

英语教师作为课堂教学活动的组织者和引导者发挥至关重要的作用是影响英语课堂教学效果的关键性因素,所以在新时代背景下,要着力提高英语课堂教学效率与质量,必须要加强高水平英语教师培养,增强高校师资队伍质量的同时,提高教师队伍的稳定性。

一方面,加强优质英语师资引进,提高教师招聘门槛,在教师招聘的过程中,不能仅注重教师学历,而是要从文化素养、教学能力以及综合素质水平的全方面考虑,重点考察教师的创新能力,使其加入高校英语师资队伍后,能够发挥自身内在潜能,增强支队伍的整体素质水平。

另一方面,对高校现有英语教师展开针对性培训,通过岗前培训和在职培训两种方式,聘请知名教育专家或学者分享教学心得,或为英语教师提供外出学习和进修机会。

第三节 高校英语教育的课程规划与课程评价

一、高校英语教育课程规划

《指南》(2020版)修订工作于2019年3月启动,2020年7月提交教指委全体委员审议,随后进行了大范围意见征求,最终于10月正式定稿。《指南》修订坚持的是继承为先的理念,总体上保留了2015版的整体框架,高校英语课程主要在五大方面做了重要修订和规划。

(一)课程目标

各个时期非英语专业大学英语课程目标演变的基本情况,主要包括三个阶段。

1. 培养科技英语能力阶段

以培养科技英语能力为主导的教学目标定位。历经1980年至1985年。以1980年版《公共英语教学大纲》(理工科)为标志,大学英语教学目标分为基础教学目标和专业阅读目标,旨在为学生阅读英语科技书刊打下较扎实的语言基础和使学生具备比较顺利地阅读有关专业英语书刊的能力。

2. 培养通用英语能力阶段

以培养通用英语语言能力为主导的教学目标定位。历经1985年至2013年。

该阶段又可以分为三个时期，第一时期以 1985 年版《大学英语教学大纲》为标志，明确了以阅读能力为第一层次、听力为第二层次、说和写为第三层次的通用英语语言能力的教学目标，配合改革的是 1987 年开始实施的四六级考试政策，其中阅读占 40%、听力占 20%、其他三个方面的能力考核占 40%。第二时期以 1999 年版《大学英语教学大纲》为标志，"培养学生具有较强的阅读能力，一定的听、说、写、译能力，使他们能用英语交流信息"，即以阅读能力为第一层次，听、说、写、译能力为第二层次的教学目标。第三时期是以《大学英语课程教学要求（试行）》（教高厅〔2004〕1 号）和《大学英语课程教学要求（试行）》（教高厅〔2007〕3 号）为标志，培养学生的英语综合应用能力、发展自主学习能力和提高文化素养，将目标分为三级。为配合该方案的实施，2005 年大学英语四六级考试方案作了大幅调整，将听力和阅读分值占比调到同一水平，都占 35%，提高了各部分考试的难度，增加了主观性考核。

3. 兼顾培养通用英语及学术英语能力阶段

以培养通用英语能力为主、兼顾培养学术英语能力的教学目标定位。从 2013 年开始，其标志性政策是《上海市大学英语教学参考框架（征求意见稿）》，规定上海的大学新生必须接受学术英语教育，占整个大学英语学分的 75%。随后发布的 2015 版和 2020 版《大学英语教学指南（2015 年版）》，首次区分了通用英语能力和学术英语能力，"大学英语注重发展学生通用语言能力的同时，应进一步增强其学术英语或职业英语交流能力和跨文化交际能力"。学术英语能力培养逐步成为很多高校大学英语主要教学目标之一，以学术英语为主题的研究论文逐年增多，呈现了一批以国家一流课程和省部级教学成果奖为代表的学术英语教学成果。

（二）课程要求

2018 年 4 月，教育部国家语言文字工作委员会正式颁布了《中国英语能力等级量表》，它是首个面向中国学习者的英语能力标准，由国家语委语言文字规范标准审定委员会审核通过。这个量表的颁布具有划时代的意义，它对大学英语也提供了标准化参考。新《指南》在教学要求部分有机融入了《中国英语能力等级量表》的相关内容，在研制过程中，充分利用该"量表"的研制成果，参照其中的级别语言能力描述，结合大规模问卷调查结果，在大学英语教学基础目标、提高目标、发展目标 3 个级别教学要求的描述中，提供了总体描述和语言单项技能描述。

(三)课程内容

课程内容主要体现在教材编写内容上。新《指南》在教材编写上的指导思想既体现了新时代的发展新要求,也体现国家对于高等教育的高度重视,便于进行教学改革和人才培养,反映人类文化的最新创造和创新成果。选取教材时既要考虑主动融入中华优秀传统文化及社会主义核心价值观的要素体系,将学生的世界观、人生观及价值观培养列为重点,也应顺应新时代新科技发展,汲取人类文明优秀成果,为能培养具备国际眼光、前瞻思维的人才提供强有力的支撑。

(四)教学方法

新《指南》指出了信息化与智能化的新时代背景下,多媒体技术、大数据虚拟现实人工智能技术等最新信息技术手段给教师的教法和学生的学法发生着深刻变革。高校应主动适应这股潮流,充分利用最新技术,努力创建多元化的教与学的环境,建设或使用在线开放课程、线下课程、线上线下混合课程、虚拟仿真个性化课程等手段,实行混合式教学模式,让学生朝着自主学习和个性化学习的方向发展,从而改进和提高教学质量。

(五)课程建设

1. 高校英语课程思政建设

(1)开展课程思政教学的重要意义

①思政教育融入大学英语课程群,有助于课程性质与目标的实现

最新版《大学英语教学指南》(2017版)(以下称《指南》)指出大学英语的课程性质兼具工具性与人文性,目标是培养学生英语应用能力,不仅可以借助英语用来学习、交流先进的科学技术和专业信息,而且还可以了解国外社会与文化,增进对不同文化的理解,增强跨文化交际意识和交际能力,培养明辨性思维能力,提升学生的综合素质和全面发展。《指南》还要求将社会主义核心价值观有机融入大学英语课程内容,充分挖掘大学英语丰富的人文内涵,实现工具性与人文性的有机统一。长期以来,我们在教学中多关注于大学英语的工具性目标,关注于学生语言知识的获得和语言能力的培养,较少甚至并未关注到这一过程中学生价值观的引导与塑造,无形中割裂了育人与育才的统一,其后果必将与高校立德树人根本任务的落实渐行渐远。课程思政的理念正是基于这一事实应运而生的,课程思政倡导显性教育与隐性教育相统一,知识传授和能力提升与价值观塑造相统一,将学科资源和学术资源转化为育人资源,构建高校思想政治教育立体化育人

新机制。精巧融入习近平新时代中国特色社会主义思想、社会主义核心价值观、中华优秀传统文化、宪法法治精神、职业理想和职业道德等思政内容的大学英语课程教学必将能在实现工具性的同时，更好更充分地实现其人文性，守好意识形态阵地，做到工具性与人文性的有机统一。

②思政教育融入大学英语课程群，能够精准落实立德树人根本任务

大学英语课程群是大学阶段面向非英语专业学生开设的公共基础课程，它具有课时多、周期长、受众面大等特点。随着近几年全国大学英语教学改革的不断推进和深化，各校都在结合自身实际对本校的大学英语课程进行改革。一些高校是将传统大学英语课程的大部分学分置换为专门用途英语课程（ESP或EAP）或跨文化交际课程；一些高校是将大学英语课程进行分级教学，级别程度较高的学生可以将自己大学英语的学分改选为大学英语限定选修课，如英美文学选读、西方文化概要、大学英语写作、大学英语口语、法律英语等课程；还有一些高校在第三、第四学年也开设了大学英语的高级课程，目的是为一些对英语学习感兴趣者、备考雅思或托福者、准备参加研究生考试的同学提供四年一贯制的英语学习提升机会。无论何种做法，无论在哪所高校，大学英语课程群都是大学期间历时最长、投入课时最多、投入师资数量最大以及参与学生面最广的一类课程。此外，大学英语课程群有着丰富多样的实践教学与第二课堂，这也成为课程思政融入的场域。这一课程特征决定了思政教育的恰当融入必将能够使大学英语课程群发挥更加全面、高效、持久的思想政治教育功能，比其他类型课程能够更好地体现全员全过程全方位的"三全育人"格局，对落实高校立德树人的根本任务具有更精准地施力面。

③思政教育融入大学英语课程群，有助于讲述好中国故事，阐释好中国特色的综合能力

改革开放40多年来，我国大学英语教学取得了骄人的成绩，国人的英语综合水平得到了较大幅度提升。我们看到越来越多的普通大众能够凭借英语了解外部世界，能够使用英语与外国朋友熟练交流，越来越多的科研人员走出国门参加国际学术研讨，与国际同行用英语交流探讨学科前沿，了解并学习国外科技发展新成果。经过几十年的奋斗与发展，如今，我国的综合国力已处于世界前列，在许多国际重大事务中扮演着越来越重要的角色，贡献着中国智慧，国际影响也越来越大。我国广大青年学子学习英语的目的已不再是之前的单纯了解世界，而是负有更大的使命担当，开始转变为向世界展示中国，让世界了解中国。思政元素融入大学英语课程群，可以促使广大青年学子充分理解习近平新时代中国特色社

会主义思想，亲身走进中华优秀传统文化，深刻把握社会主义核心价值观，牢固树立职业理想与职业道德。在扎实的英语语言能力和较强的跨文化交流意识基础上，更好地讲好中国故事，传播好中国声音，阐释好中国特色，更好地在国际舞台上构建中国国际形象。

④思政教育融入大学英语课程群，有助于培养一支既了解西方文化又坚定社会主义理想信念和文化自信的外语教师队伍

教师作为教学过程的引导者，在课程思政的过程中起着至关重要的作用。教师队伍建设是保证课程思政建设的重要前提。大学英语教师是一支特殊的教师队伍。首先，这支队伍的体量相对来说比其他类型课程的教师队伍要庞大得多，外语教师队伍的建设是一项大工程。其次，外语教师的特殊性还在于在他们步入职业生涯之前所接受的文化知识教育、价值观教育深受英语国家文化价值影响，甚至有些教师的大部分求学经历都在国外。这一特殊教育背景一方面有利于他们进行英语语言文化教学，能够将英语语言知识所负载的西方文化向学生传达得更为清晰，另一方面，文化具有先入为主的特性，西方文化与价值观念过早、过多的摄入会对他们学习接受中华优秀传统文化、社会主义核心价值观等思政教育内容产生一定的负迁移。因此，思政教育融入大学英语课程既是对学生的一场思想政治教育，也是对广大英语教师的社会主义理想信念教育和文化自信教育。教给学生一杯水，教师要有一桶水。广大大学英语教师要增进对课程思政建设内容的了解、理解与把握，真正做到坚定社会主义理想信念和文化自信，充分挖掘教材中的思政元素，将有形的思政资源融入无形的课程教学，做到润物细无声。

（2）大学英语课程群思政建设的现状

①大学英语教师自身的课程思政协同育人意识较为薄弱

由于教育经历的原因，多数大学英语教师在平时生活和工作中对《纲要》中所指出的思政课程建设内容的关注意识并不强烈，积累学习的自觉性不高，甚至有个别教师对大学英语的课程思政并不认同。他们首先会认为高校思想政治教育是思政课教师的责任，是学校马克思主义学院分管的工作。他们只用负责通过课堂教学增进学生的英语语言知识获得，提高学生的英语语言能力，这就表明上好了大学英语课。广大大学英语教师并未深刻意识到自身在讲授大学英语课程的同时，肩负着大学生思想政治教育工作的重任。在对青年学生进行习近平新时代中国特色社会主义思想、中华民族优秀传统文化、社会主义核心价值观等思政内容为主的思想政治教育的系统工程中，大学英语课程群教师同思政课教师、学生辅导员等肩负同样的育人责任。究其原因，教师个人的主观意识淡薄是一个主要方

面。一个事实是，笔者通过调查了解到，大多数高校外（国）语学院或公共外语教学部是该校教职工人数较多（或最多）的教学部门，然而教师共产党员的比例却并不高，基本在40%左右，且平均年龄在45岁左右，年轻大学英语教师中党员教师的比例更低。这一数据一定程度上说明了大部分大学英语教师没有主动参与思想政治学习，提升自身思政理论基础。另一主要原因是可能来自体制机制方面，学校或院系客观上并未为大学英语教师提供思政理论学习的机会或条件，或并未对此做出任何具体要求，或并未举行过有针对性的相关培训、研讨、报告等活动。

②课堂教学中知识传授与价值引导"两张皮"的现象较为普遍

大学英语课程群中思政教育的另外一种现象是"两张皮"现象，即课程思政的融入痕迹过重，有的甚至是"简单粗暴的植入"，导致课堂教学中知识传授和能力提升并未与学生的价值观塑造有机黏合，而是将思政内容当作纯粹知识一样灌输给学生，充其量是在课堂上进行一些相关的翻译活动，并没有引导学生进行有效的主动思考与讨论，从而让学生在批判性思维中判断哪些是正面、积极的，哪些是负面、消极的，也没有真正提高学生的系统分析能力和解决问题能力。对于"两张皮"的课程思政，学生是非常反感的。因为大学生不同于小学生或幼儿，对于课堂上老师提出的一些没有"技术含量"的问题，如"Are you happy to help others？""Do you love your motherland？"，他们会觉得没有挑战度，也就不愿去回答。其实，这样的问题是没有基于课程理论的提问，对课程思政来说是毫无意义的，是失败的思政融入，即便学生回答说"Yes"，就能说明他们具有正确的价值观吗？就会付出真实的行动？导致这一现象的原因主要有两个方面。一方面是没有深挖教材中蕴含的思政元素，在课程思政的要求下在课堂教学中只能生搬硬套地插入一些思政素材，如在翻译实践涉及端午节（dragon boat festival）或剪纸（paper cutting）材料的翻译时，教师在对材料内容进行翻译技巧的讲解后，可以对该材料进行思政元素的挖掘，对主题进行升华，融入爱国主义教育和中华优秀传统文化教育。另一方面是教师缺乏将思政内容有机融入课程教学的技巧，课程思政的课堂教学设计能力有待提升。

③大学英语教材思政内容比例偏小，制约了大学英语教师开展系统性的课程思政教学

教材是实现课程思政的重要载体，为实现课程思政和立德树人提供重要依托。但就目前的大学英语教材而言，其内容材料大多选自西方，是英语国家文化的直接呈现，蕴含的主要是西方价值观，而且教材内的视频资源更是以直接的方式向

学生呈现西方文化。教材的编写者可能是想向学生呈现原汁原味的英语学习素材，但是却忽视了教材中的思政问题，最终还是导致了知识传授与价值引导的割裂，更可怕的是知识传授有可能会引导不正确的价值观。教材思政是实现大学英语课程思政的重要前提。由于大学英语教材的编写普遍存在缺乏中国思想文化的相关内容（中国文化概要课程除外），或相关内容比例偏小，导致思政教育很难落地，偶有大学英语教师能够从以西方文化内容为主的文章中提取出积极、正面的价值观元素，进行了主题的升华，但是这样的课程思政教育是片面的、不成系统的。此外，学生长期浸润在西方文化内容的知识中，过多地受到西方节日、西方文化和意识形态的影响，导致学生对中国传统文化的认同不断削弱，影响了中华优秀传统文化的立足及对外交流与输出，这对社会主义核心价值观的树立和培养也是极其不利的。

④大学英语课程教学关注点的偏差使得课程思政受到了冷落

在过去的几十年，我国大学英语教学经历了几次大的起伏，直到现在的全民英语。英语的重要性无论在国家宏观层面上，还是在公司企业机构的中观层面上，还是在学生认识的微观层面上，都得到了充分肯定。公司企业招聘员工大多需要考察应聘者的英语能力，询问是否获得 CET4 或 CET6，考有何种英语类证书，英语更是学生各级升学的必考科目。在这样一个过度看重分数的社会，大学英语课程的教与学都极度功利。教师更多考虑的是如何提高学生的成绩输出，能使学生顺利通过大学英语四、六级考试，研究生入学考试，或是雅思、托福考试等，为学生的升学或就业提供"敲门砖"。在应试驱动的教学理念影响下，课堂教学内容的选取和教学方式的采用都以应试为导向，忽视了对学生人文素养的关怀，对学生思想政治方面的教育，没有深切认识到我国新时代大学英语教学的使命是增强学生跨文化交际能力，提升学生的思政素养，成功地对外讲好中国故事，阐释好中国特色。

（3）"大学英语"的思想政治教育元素及建设目标

①发掘思想政治教育元素

语言、思想和文化互为表里，密切相关，语言对人的意识形态具有影响和建构作用。公共外语教学不仅是学生学习语言基础知识和基本技能的平台，更是学生接触外国文化、价值取向和意识形态的重要途径。青年学生是国家和民族的未来，中华民族伟大复兴的重任是其义不容辞的使命。因此，外语课程思政建设尤为重要。"大学英语"课程是高校人文教育的一部分，兼具工具性和人文性，其中蕴含着丰富的课程设计思政点，比如中国特色社会主义文化、社会主义核心价值观、习近平总书记的重要讲话、中国古今贤哲的重要思想、时政新闻、英雄模范、身边榜样、学校办学理念、校园文化、大学精神等。

②确立思想政治教育目标

挖掘原有教材，找到与学生世界观、人生观和价值观相关联的思想政治教育素材。在原教材的基础上补充含有思想政治教育元素的外文语料，一方面丰富英语教学内容，另一方面将中华优秀传统文化和意识形态通过不同形式传递给学生，激发学生的民族自豪感和创新意识，引导学生树立正确的价值观。在教学设计中，教学可结合课文的单元主题、文章内容和课后练习挖掘确定思政点。同时，扩展课外阅读空间，向学生推荐《中国概况》《中国文化概况》等书籍。教学环节融入课程思政目标，通过视听、阅读、小组讨论、展示等任务，将教材中的价值观元素与补充资料的价值观语料整合成一个或多个学习任务，语言技能训练依托思想政治文化内容。提高学生的汉英双语文化素养，培养其人文精神，为学生今后的学术深造打下扎实的基础。

（4）课程思政融入"大学英语"的课程设计

①教学目标

按照《大学英语教学指南（2020版）》《大学英语四级考试大纲》《大学英语六级考试大纲》的要求，选取的教材要充分体现英语课程人文性和工具性特点，选择富有时代气息、思想深意和文化内涵的教学内容，增进学生对中西方文化的理解，关注学生的人格培养，实现语言能力和综合素质的同步提升。练习活动的设计注重培养语言应用能力和跨文化交流能力，思辨性讨论旨在培养创新思维和批判性思维能力。在仔细研究教学内容的基础上，选择有效的任务载体，即原汁原味的音频材料、文字地道的原版材料、经典恰当的视频剪辑和丰富多彩的交际活动等，培养学生用英语进行口头交际、书面沟通和获取前沿信息的能力。教学内容编排由浅入深，逐步提高学生的英语应用能力。

②教学模式

主要采用启发式教学、任务型教学、情景式教学、案例教学、分组合作等教学方法，借助课程平台、数字资源及信息化手段，增强学习趣味性，突出教学重点，化解教学难点，达成教学目标。强化思想政治教育元素和思想政治教育内容、中西语言与文化对比、培养学生的家国情怀和文化自信，以达到课程思政的育人目标，即知识传授、价值引领、能力提升。充分挖掘《新视野大学英语》（外语教学与研究出版社出版，许多高等院校选用，是一套公认的经典教材）的素材，选取与学生世界观、人生观和价值观相关联的教学单元。在原教材基础上适当补充含有思想政治教育元素的外语语料,引入与社会主义核心价值观相关的外文语料。改变传统课堂阅读为主的教学模式。在以视听说为先导、训练语言能力的同时,引导学生评价、反思,进行辩论。阅读课改变教师"满堂灌"的课文讲解模式,提前布置预习作业,要求学生查找背景资料,结合已经学习的视听说教材的内容,做小组汇报。阅读课以学生为主导,鼓励学生自主探究,自学课文,提出问题,互相解答,教师予以评价,引导学生在自省中体悟文章的中心思想。然后,教师再针对学生没有理解的内容及语言重点、难点反复讲解。在翻译课中创设情境,让学生以一名翻译工作者的身份参与翻译活动,由此认识到双语转换的重要意义。写作课结合课文结构和内容安排,主要训练学生的理解感悟能力、思维能力和表达能力。拓展课程安排语法练习和英语文摘选读,选取与课文主题相关的中英文双语资料。

③教学活动

在视听说和阅读教学课程中,加强思辨教学。在学习西方文化和社会生活知识时,教师引导学生深入讨论文化形成的多种社会因素,用理性思维和辩证视角审视现象背后的深层原因。思辨促进理解,理解加深认同,思想政治教学要在隐性教学中达到润物细无声的效果。在翻译和写作教学课程中,推行情境教学法和案例教学法。在特定情境中,比如根据导游、商务秘书等岗位的工作需要,教师通过翻译和写作案例呈现教学内容,学生可以通过小组合作、讨论(头脑风暴)等活动完成教学任务。打造第一、二课堂相结合和"线上+线下"思想政治教育在线课程。在线课程可以是微课形式,以中国文化系列、英语新闻系列等为教学内容,线上自主学习,利用平台灵活的特点促进英语课程思政教学的亲和力、灵活性和易学性。加强"课内+课外"外语课程思政校园建设。通过多种英语竞赛活动,提高学生的英语综合应用能力,提升人文素养,实现以赛促学、以赛促教。加强英语课程思政"学习+实践"的实践教学。开展公益服务活动,如英语戏剧公益演出等,组织英语社团的日常活动。

④教学评价

教学评价由过程性考核(50%)和终结性考核(50%)两部分组成。终结性考核指期末的书面考试。重视过程性考核,将学生的课堂展示和课后反思作为重要的评价依据。针对课堂展示,构建多重评价体系,由教师评价(40%)、小组评价(20%)、个人自评(40%)组成。课后反思以书面形式上交,教师从思想内容、遣词造句、篇幅、完成时间等多维度给予评价(以考核标准为依据),力求体现学生的综合素质,并及时反馈给学生,引导学生准确认识自己,正确看待成绩,加强师生之间的交流，促进学生身心健康发展。

2. 高校英语课程跨文化交际能力建设

（1）大学英语课程设置与跨文化交际能力要素

由于文化是一个内涵丰富、多层次的概念，因此跨文化交际能力也涉及多学科知识的交叉与互动以及人们认知的各个方面。跨文化能力需要足够的知识、合适的动机以及训练有素的行动。该观点也强调了知识、动机和行动三者需结合才能构成跨文化能力。跨文化交际要素可以从知识层面、技能层面、情感层面和行为层面予以探讨和分析。新时期的大学生培养还应助力国家战略需求，所以跨文化交际还应包括运用英语阐述中国文化、介绍中国特色、说明中国制度特点的文化传播行为。语言是文化的载体，文化存在于语言的各个层面，跨文化交际能力的培养不是依靠独立的某一种教学行为实现，而应贯穿于大学英语的各类课程和各个教学环节中。大学英语整体作为精英语码的性质表明，其三类课程既在跨文化交际能力方面具有共核内涵，又在微观语码方面存在显著差异。

（2）大学英语课程体系中跨文化交际能力培养原则

①各类课程融合与协调原则

在课程设置方面，高校会结合自身整体定位、院系专业特色以及学生层次和需求，灵活设置三类课程的形式和比重。专门用途英语主要针对学科专业开设，帮助学习者熟练掌握专业领域有效沟通的英语技能。文秋芳曾指出通用英语与专用英语的"不重叠之处是：通用英语能够拓宽人的国际视野，增加百科知识、培养跨文化交际能力和人的综合素养；专门用途英语能够增加专业知识、培养用英语进行专业交流的能力和人的学术素养。"可见两门课程各有目的，不能相互替代，唐莹指出大学英语教学中EGP和ESP应平衡发展。虽然关于专门用途英语的重要性得到学术界的认同，但由于专门用途英语对授课教师提出了高层次要求，如需要具备英语学科知识、专业学科知识、学习者知识、语境知识和英语教学知识，而不同学科的授课教师还需了解该学科领域的前沿知识，师资的缺乏导致只设置通用英语课程的情况还比较普遍。通用英语在长期的教学实践和研究中积累了培养跨文化交际能力的丰富教学资源，针对国际化专业人才的培养目标，在未开设专门用途英语课程的情况下，可将部分专业英语场景融合到提高和发展级别的通用英语课程中，多语境、多层面地建构跨文化交际能力。课程体系中的跨文化交际课程既是语言教学课程又是文化教学课程，旨在培养学生对英语国家文化的了解，同时通过分析文化差异的根源加深对本国文化的理解，从而提升学生跨文化交际意识以及跨文化交际行为的适度性，以达到培养学生的跨文化素质和交际能力的最终目的。该课程内容涉及面广泛，可供选择的资源也非常丰富，一般在高年级的本科专业中作为选修课程开设，是通用英语和专门用途英语课程的拓展。由于通用英语和专门用途英语都以理论授课为主，跨文化交际课程除了安排理论知识的介绍外，还应有效利用各方资源，为学生提供可以对外交流的实践平台，如结合中外合作项目或第二课堂资源让学生能在实践活动中培养跨文化交际能力。总之，大学英语体系中的三类课程在课程内容和课程环节的设置中应对跨文化能力体系的建构做合理的布局，遵循融合与协调原则，在培养跨文化交际能力要素中实现协作、互补和深化。

②教学环节凸显交际目的原则

虽然学者们对语言教学中跨文化交际能力的培养有深入细致的探讨，但在实际教学过程中，任课教师对跨文化交际能力培养的重视度和理解度会直接影响到能力培养效果。"外语教学中现实可行的途径应该是，将跨文化交际能力培养作为一种教学理念，以润物细无声的方式贯穿到所有教学设计中，具体融于语言教学的各个环节。"第一，在导入环节融入交际目的。带着明确目的的导入环节不仅能带动学生学习的积极情绪，也能让学生带着问题和任务，让技能训练更高效。如通过时事新闻导入能激发学生探讨文化差异并同时进行思辨能力的训练。通过视频展示并带交际任务的导入能让学生带着体验感进行语言的输出。通过探讨跨文化差异造成的交际障碍或文化误读来导入能让学生在解决问题的过程中获得交际经验。第二，在知识点讲解环节融入交际目的。大学英语教师虽然肩负着英语四、六级考试过关的任务，但应明确授课不应以应付考试为主要目的，将交际目的融于词汇和语法的讲解和练习中，避免以讲述式输出的文化知识碎片为主，对应人才培养目标完善应用实践内容和重视系统性知识建构。第三，在互动环节融入交际目的。授课教师在课堂上都会设计适量的互动环节，互动环节不是简单的语言机械重复，也不是单纯活跃气氛的简单娱乐，要避免以检验某个知识点的掌握为主要目的，而忽视了交际的目的。在互动环节的设置中，应模拟具体语境中语言的应用，将交际的情景具体化来训练跨文化交际能力，并通过及时地发现问题、反馈并纠正问题来强化相应能力。第四，在作业布置环节融入交际目的。任课老师可以充分利用智能平台引导学生进行训练，课前可布置贯穿交际目的的任务，如观看微课后完成情境练习、语言分析、交流策略研究等作业，老师提前检验予以评价和反馈，课中通过小组表演、PPT或视频展示等方式呈现，课后将完善后的作业提交到平台并互评，学生在分析、实践、改进、评价并反思的过程中逐步实现跨文化交际能力的提升。

③跨文化交际能力科学考核原则

跨文化交际能力的获得要经过反复训练的过程，因此对跨文化交际能力的考核应该建立科学的考核机制，完善课程考核体系。第一，拓展原有的考核内容。不仅是针对词汇记忆或语法应用做考核，也可对应跨文化交际能力要素将口语表达能力、思辨能力、文化传播能力等纳入考核范畴，结合实践平台将考试形式多样化。第二，考查跨文化交际能力的预期目的和达成效果。在充分考虑语言技能和文化特点的基础上，注重评价要求和考核内容的关联性，以及考试机制的科学性和连贯性。第三，发挥考核的反馈作用。根据课程类别的特征和学习内容，对贯穿于整个过程的学习提供关键的评价信息，帮助学生了解自己现有的能力和学习目标间的差距，引导学生在课堂中更主动地学习，体现考核的意义和价值。第四，注重考查活动主体的多元性和互动性。除了强调教师对学生的评价，还加入学生间的互评、学生自评，避免评价主体的单一性和片面性，以评促学，从而结合形成性评价与终结性评价。跨文化交际能力的培养是个系统性工程，不仅需要在课程教学的目的和教学要求中凸显该能力的培养，还应在具体的教学步骤中得以贯彻体现，最终在考核环节予以考查和反馈，从而激励能力的进一步提升和完善，整体形成循环完整的闭环。主观上，一方面需要依靠授课教师提升自身的跨文化交际意识，在课堂教学中采用专题讨论、对话互动、文化比较等形式对学生进行有针对性的练习，另一方面学生也需要通过课堂内外的指导性阅读获得更多的相关知识，通过慕课等新的教学形态自觉主动地了解东西方文化，积极参与英语课外活动，积累实际的交际经验，丰富自身的知识储备，让跨文化交际能力内化为自己的核心竞争力。语言规律蕴含着整个民族价值观和意识形态观，在信息资源丰富、传播渠道广泛的新时代，大学生的跨文化交际能力培养面临更大的挑战性，需要教育者引领学生在辩证地看待西方文化的同时，增强民族认同感和自信感，在跨文化交际实践中搭建对外传播本国文化的多方渠道。

3. 高校英语隐性课程建设

《大学英语教学指南》（2020版）指出，大学英语课程设置应涵盖通用英语课程、专门用途英语课程、跨文化交际课程三方面的课程结构和内容。高校可根据自身办学定位和人才培养目标等，构建"反映本校特色、动态开放、科学合理的大学英语教学体系"。在《指南》的指导下，我国高校大学英语教学定位已发生重要转变，大学英语是核心通识课程。通识教育肩负着三个重要使命：丰富大学生知识结构，提高其综合文化素质；培养大学生整合不同领域知识的能力，使其成为智慧领悟者；使大学生成为志趣高雅、人格高尚、知行统一的"全人"。

大学英语课程是我国高校通识教育的重要方面。

(1) 大学英语隐性课程建设的重要基础

"隐性课程"(Hidden Curriculum)概念是美国教育和课程论专家菲利普·杰克逊1968年在《教室中的生活》里首次使用的，用来指那些以间接的、内隐的方式促进学生学习的课程实践或课堂体验，比如教室里的人群、掌声、影响力等共同构成了一个隐性课程。跟正式和计划内的显性课程一样，学生必须观察，付出努力，遵守制度，才能学有所获。隐性课程问题自此逐渐成为国际现代课程论关心的热点问题之一。20世纪90年代，中国教育理论界也开始关注隐性课程研究。目前，国内外研究者主要探讨了隐性课程的定义和内涵、隐性课程的具体内容与分类、隐性课程对外语学习(或成绩)的作用与影响、隐性课程质量指标和建设原则等。纵观当前研究结果，笔者发现学者认识到隐性课程的真实存在和重要性，有学者还分类列举了大学英语隐性课程的具体内容。这些都是很重要的发现，但我们认为仍有被疏忽的地方，那就是他们的研究并未回答大学英语隐性课程的起点与根基究竟是什么。以国内优秀工科大学为例，在教学科研和参与社会经济建设方面都发挥重要的作用。生源的整体英语水平比较好，这是其顺利实现英语课程改革的原因之一。观察其所设置的大学英语课程体系(图5-3-1)，我们发现：显性英语课程体系的整体丰富完善和科学化构建是大学英语隐性课程建设的重要基础，即科学合理的显性英语课程体系是大学英语隐性课程实现的起点和根基。杰克逊强调，显性和隐性两种课程都很重要，两者有重要关联，但他并未对如何关联做进一步讨论。隐性课程并不在计划的显性课程内，但是它必须是伴随显性课程而生。隐性课程实现了教学计划目标之外的隐蔽的教学目标和内容的达成，比如规则、价值观和意识形态的养成。显性课程和隐性课程不能截然分开，对隐性课程的考量必须参照显性课程，课程即科目，课程即学生的学习经验。如图5-3-1所示，某工科高校的大学英语显性课程群涵盖了语言技能、学术专业知识、文化知识和实用技能四大模块，下设九门可选课程。它极大地丰富了大学生课堂学习的内容与体验，非常有利于个性化学习实践，即隐性课程的产生。显性课程体系设置得越科学合理、丰富完善，就越有助于隐性课程的实现。隐性课程是创造力和自由度的特区，是在显性课程体系框架下的特殊学习空间。

```
1.通用英语读写        1.通用学术英语阅读
2.通用英语听说        2.通用学术英语写作
```

         语言技能   学术英语
          模块   模块

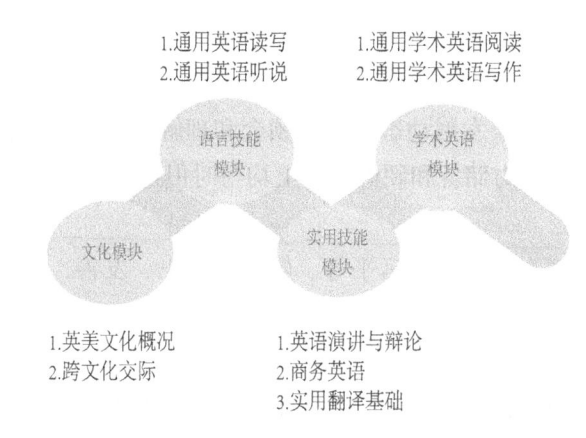

              文化模块   实用技能
                          模块

```
1.英美文化概况      1.英语演讲与辩论
2.跨文化交际        2.商务英语
                    3.实用翻译基础
```

图 5-3-1　我国某工科高校大学英语显性课程群建设情况

（2）大学英语隐性课程的积极方面和消极方面

大学英语隐性课程既具有积极方面，也具有消极方面，我们应该辩证地去看待它。比如，大学英语隐性课程倡导规则意识，传递个人尊严和社会公正等价值观。它激励学习动机，潜移默化地助益所有人。很多人在大学英语隐性课程的助益下，学习取得显著进步，能力也得到提升。我们比较了某校 2018 年 6 月到 2020 年 12 月的大学英语四、六级成绩，发现高分数段学生逐年增多，而且高分数也逐年提高。这是大学英语显性和隐性课程协力的结果。但是，隐性课程的积极效果因人而异，甚至由于误解，还会有消极作用，比如大学英语成绩落后学习者的心理疏导和学业成就感的获得问题。在同伴日益进步的同时，大学英语学习落后者会更加敏感和难过。这种情况下，教师要及时合理地帮助学生，传递给他们多元人才观和多元发展路径的意识。通过公正的态度和优秀的示范，让学生的学习更有韧性，坚持不懈，看到高校教育中更多的积极方面。教师敬业、精心设计课程、使用灵活的教学方法和优秀示范是隐性课程中重要的积极因素。

（3）隐性课程建设的基本准则

大学英语隐性课程建设并非一蹴而就，它需要研究者和实践者不断探究、不断完善，让眼界和视野、科学技术水平、教育教学理念，以及扎实的教学基本功，充分体现在大学英语隐性课程中。尽管它的要素庞杂，难以随意操纵，但是建设大学英语隐性课程的确有一定的基本准则。高校可以结合自己的办学特色、专业特点、教学优势，在隐性课程建设中遵照以下原则。

①目标清晰

根据国家战略需求和学生个人生存发展需求，及时明确我校隐性课程建设目标。

②与时俱进

不断了解最新的科技发展动态，深入领会和理解国家对语言教育和教师的最新要求，做到在知识能力储备和硬件设备上均与时俱进，不断发展。

③灵活包容

面对不同的教育对象，要永远平等、敬业、公正、友善，做到灵活引导，包容教育。

④防微杜渐

发现隐性课程里的消极因素时，要未雨绸缪，及时调整，以爱国和敬业的姿态肩负起为国育才的重任。

4. 其他英语课程建设的探究

（1）通用英语需设定不同的课程起点

学生对高级英语听、说、写课程的一致性需求，说明通用英语有续存的必要。学生自身有发展动机，如用英语开展全方位的交流、摄取百科知识、拓宽视野、提升自我形象和修养等必须要学习通用英语课程。但是学生对于综合英语1—2级的看法差异，说明不同层次的学生对英语课程起点的设置是有不同需求的，需要结合学生的英语水平和学习动机，采用因材施教法，设定不同的通用英语起点，提升通用英语能力，实现从中学过渡到大学的转变。此外，学生对等级考试也有一致性需求。有学者在对改革后的CET对学生课外英语学习过程的反拨效应实证研究中发现，改革后的CET在促进学生课外英语学习方面有一定积极作用，尤其是对课外识记单词和训练五项语言基本技能方面。将大学英语通用课程与等级考试结合更有助于检测大学英语课程教学质量和目标，推动学生打好语言基础、提高语言应用能力。但是参加等级考试的学生工具型动机远远高于融合型动机。因此，可将考试设置在第一学期，通过考试的学生即可进入学术板块的学习，提高其融合型动机追求，提升专业领域英语应用能力。

（2）专业学术英语需扩大课程占比和覆盖面

学生对专业学术英语课程有一致性需求，因为医科院校学生的专业相对聚焦，即便是英语水平差的同学也希望学习医学英语。有研究表明，二语学习者想在学术环境中取得成功，必须提升认知学术语言能力。而提升认知学术语言能力，就必须将所学语言知识与技能及时与本专业知识相衔接。以内容为依托的专业学术英语正好给医学生提供了大量可理解的学科知识作为语言输入，满足了学习者的具体学习需求，同时在潜移默化中提高了语言应用能力。此外，以内容为依托的外语教学给医学生提供了挑战医学生认知能力的语言材料,为医学生提供了有意义的语言习得语境,能够感受到学习英语的真正目的,并有更多使用英语的机会,激发了学生的学习兴趣。如此一来,医科院校的大学教学也就形成自己的风格,避免了高校与中学、高校与高校之间的同质化倾向。相比之下,学生对通用学术英语的看法一致性和需求度都低于专业学术英语。但是高年级学习成绩好或学习动机强的同学,随着专业学习的深入和视野的开阔,对国际学术交流课程有需求,可以开设选修课并辅以第二课堂活动。

二、高校英语教育的课程评价体系

(一)高校英语课程评价改革的内容

1.评价理念由"奖惩性"转向"发展性"

应用型高校传统的教学评价更关注教育主体的功利性需要,对育人的本体价值重视不够,将课堂教学评价与教学质量评价混为一体,学生学习效果评价往往考查学生的 TEM 4、TEM 8 专业证书及 TOEFL 和 IELTS 等英语考试通过率、毕业生考研升学率、就业率和教学竞赛获奖率等结果性评价。这种评价模式具有较明显的滞后性,无法及时反映当前课堂教学的实际效果。对教师课堂教学质量的评价则是将学生期末在线测评的教学质量评价数据作为职称评定条件、年底绩效考核、荣誉称号评定等奖惩性评价。这种"重结果、轻反馈"的传统课堂教学评价模式忽视了帮助教师改进教学的教学评价本质,不利于课堂教学方式方法的及时调整与优化,应转向"重反馈、重改进"的发展性评价,探索及时评价、及时反馈、及时改进的"发展性"评价模式,切实帮助教师提高英语课堂教学质量。

2.结果评价由"重数量"转向"重质量"

应用型高校当前对英语课堂的教学评价主要依赖于学校教学管理系统的"教师授课质量评价管理"的量化评价分数,这种课堂教学形式评价主体单一,评价内容笼统,评价指标体系较为宽泛,没有结合英语学科的课堂教学特点,评价信度和效度难以保证。在英语课堂的教学评价中可积极探索将"重数量"的分数量化指标转向"重质量"的综合性评价模式,基于学生课堂教学评价数据,结合英语教师自评,英语课堂教学的优秀同行、语言学科教学督导的定性评价,将督导随堂听课的文字性评价、同行集体评课的建议性评价和英语课堂师生教学过程中的参与性评价等有效融合。

3. 过程评价由"粗放式"转向"精细式"

应用型高校可尝试将英语课堂教学过程评价由现行的"粗放式"简单反馈转向"精细式"多重落实，探索常态化、规范化、系统化课堂教学评价模式，如持续推进常态化语言类学科督导与教学同行的评教活动，定期对英语课堂教学中典型性教学问题进行专题研究和改进，为评教分数暂时处于低位的教师提供针对性教学改进方案；采用"校—院"两级课堂教学评价改进反馈体系，通过反馈单、监控月报、数据发布等方式规范教学反馈落实流程；学院可基于英语学科特点对公共英语课堂和专业英语课堂进行分类评价，成立英语课堂教学督导办公室，专门负责收集、汇总、分析、监控等英语课堂教学过程中的评价信息，做到"课堂有评价，评价有反馈，反馈有落实，落实有改进"，环环相扣，切实将英语课堂教学评价反馈及时、教学改进落实到位。

4. 增值评价由"普遍性"转向"针对性"

在英语课堂教学评价中，探索增值评价由传统的"重数据、重结果"的横向评价转向"重过程、重成长"的纵向评价，是应用型高校教学评价体系改革的重要途径之一。增值评价由偏重结果转向注重成长和进步的增量，针对不同类型的教师探索"私人订制"式增值评价模式，如针对初登讲台的"朝阳式"教师提供个性化教学质量提升方案，针对评价分数相对靠后的"夕阳式"教师提供针对性的教学质量改进方案，针对评价系数靠前的"骄阳式"教师提供建议性完善方案，针对"听、说、读、写、译"不同类型的英语课程划分不同评价指标，系统地记录各类教师评价数据，定期研讨，形成共识，汇聚成校本特色、院系特色、学科特色的集体教学评价经验。

（二）深化应用型高校英语课堂教学评价改革的举措

1. "基础+特色"校本化教学评价理念

"基础"教学评价理念具备普遍适用性，具体表现在融合 OBE 能力导向教育和课程思政价值理念，对接"语言+时代特色"能力，着重关注"熟悉中国国情、具有家国情怀、具备全球视野"等核心能力培养；引进"1+x"证书制度教学理念，考查学生考取英语专业技能证书的比例，如语言技能类证书和教师资格证、导游证等职业资格证书，有效对接"语言+职业技能"核心能力的培养。"特色"教学评价具备一般针对性特点。应以新文科需培养的应用型、"语言+"复合型、技术型英语人才为主要目标，结合应用型高校服务区域产业发展办学定位、能力目标、服务定向、校园文化、办学历史等特点，聚焦本校课堂存在的典型问题和突出问题，制定针对性强的"校本化"特色评价理念。

2. "共性+个性"动态化教学评价标准

必须发挥教师群体的主导性，精确定位学生在评价过程中的主体性，进而有效界定"主导性"和"主体性"的本质差异。在教师的科学引导下，学生群体进行生生互评可充分调动自己的主观能动性和积极性，有利于学生认知自身不足，从而进一步加强在交流过程中的认知能力。课前、课中两个阶段的评价对于培养学生的自主学习能力至关重要。在教学过程中，教师要进行科学规划，合理引导，扮演监督者和引导者的角色，在实践中不断发现问题、诊断问题，整合优势资源，帮助学生群体解决问题和归纳总结。

"共性"教学评价标准主要是针对教学评价标准设立过程中存在的"拿来主义"和"放任主义"现象，立足应用型办学定位，以"语言+综合素养"和"语言+职业技能"核心能力目标为导向，探索"逻辑自洽、结构严整、内涵不雷同、外延不交叉"的教学评价宏观通用体系，重在评价英语课堂教学目标、教学形式、教学内容、教学过程、教学方法和教学成效等，关注"综合素养"能力和"职业技能"能力养成的达成度。《深化新时代教育评价改革总体方案》明确提出，要根据不同学科特点，坚持分类评价，"个性"教学评价标准基于"共性"宏观通用评价标准，突出英语学科特色，以"语言+时代特色"和"语言+多元文化"核心能力目标为导向，探索"分方向、分课程"个性化的教学评价体系，立足应用型高校办学定位和技术型人才培养特点，根据学生兴趣和职业规划需求将"语言+"英语人才分为教育方向、翻译方向、商务方向、旅游方向等不同类型人才，分别设置针对性强的个性化教学评价标准。

3. "主观+客观"规范化教学评价形式

探索规范化的"主观+客观"教学评价体系。"主观"评价形式包含持续性轻度自评、周期性中度自评和总结性深度自评。轻度自评关注英语课程的学习进度、学情分析、学生的课堂参与度等，轻度自评周期为每周一次，便于教师对英语课堂教学进行及时调整与优化。周期性中度自评重点关注学生知识掌握程度、师生互动程度、学生课堂教学评价的反馈，自评每月一次，便于教师了解学生的学习进度和学习成效。总结性深度自评需对照"语言+"英语人才培养目标对一个学期的学习成效、教学方法、教学过程等进行全面总结，进一步优化教育教学方法。"客观"评价形式包含专业性评价、行政性评价和社会性评价。其中，专业性评价主要指邀请行业内优秀英语教师和学校英语学科督导员对英语课堂教学进行评价；行政性评价主要是指邀请学校教务处针对英语学生学习成效，基于

TEM 4、TEM 8 考试通过率、英语学科教学大赛、英语创新创业大赛获奖数量，等等数据对教学效果进行评价；社会性评价重点关注企事业单位、第三方机构如麦可思、艾瑞深等对"语言＋"英语毕业生就业质量等方面的评价。

4."线上＋线下"智慧化教学评价机制

在教育智能时代，智能技术统计分析数据为精准实施教学评价提供了有力支持，应用型高校可基于线下传统教学评价模式，融入"互联网＋教育"理念，结合云端在线评价方式，协同评价"语言＋"英语人才课堂教学质量，打造"评价—改进—再评价—再改进"的智慧化良性循环英语课堂教学评价持续机制。一是可持续推进校级督导监测和院级督导监测相结合、定期开展随堂听课、座谈研讨、公开课展示等传统线下教学评价模式，侧重定性的文字评价。二是借助希沃信鸽、雨课堂、学习通、智慧树、钉钉或强智等教务管理系统，开展多元化线上教学评价，融合教学督导、教师自评和学生参评三方数据，以特定比例进行加权平均，侧重定量的数据评价，建立科学有效的"定性＋定量"相结合的英语课堂教学评价体系。

5."内部＋外部"多元化教学评价主体

积极探索"内外结合、多方参与、上下贯通、纵横交错"的教学评价体系。一是包含学校教学管理层、在校师生和英语学科专家督导多方参与的"内部"评价，重点关注"语言＋时代特色"与"语言＋综合素养"核心能力，主要评估英语课堂教学能力目标、"语言＋"英语人才培养目标、英语专业学分学时制度、英语课程教材教参选择、学科竞赛成果、教学模式设计、教学进度、教学形式、教学内容、教学过程、学生教学满意度等。二是包含上级主管部门、同类院校英语专业执教同行和英语专业对口企事业单位的多方互动的"外部"评估，重点关注"语言＋多元文化"和"语言＋职业技能"核心能力，评价"语言＋"英语特色人才与岗位"能力链"对接度、"语言＋"英语人才核心能力培养达成度、创新创业能力培养导向度、"语言＋"英语人才培养质量社会认可度等。

第四节 高校英语教育教学的新理念与新模式

一、高校英语教育教学理念的创新

（一）教育理念的定义

教育理念就是指教育方法的观念，是指教育主体在进行教学实践过程当中，和教育思想活动过程当中形成的理性认知，以及主观上的要求，其包括了教育宗旨、教育使命、教育目的、教育理想、教育目标、教育要求、教育原则等多方面内容。在过去，人们最主要的问题是衣食住行，随着我国社会经济的不断发展，人们的生活水平逐渐改善，经济水平不断提高，人们关注的问题也逐渐转移，人们所关注的问题转向了培育优秀的下一代，所以教育成了人们重点关注的问题。在现代教育理念的影响下，人们将重视学科成绩发展转变为了重视素质教育、重视以人为本、重视学生全面发展的新型现代教育理念，教育工作者既重视学生学科成绩的提高，同时也重视对学生的素质培养。

（二）现代教育十大理念

现代教育有十大理念，分别为以人为本理念、全面发展理念、素质教育理念、创造性理念、主体性理念、个性化理念、开放性理念、多样化理念、生态和谐理念、系统性理念。通过对这些理念的应用，教师能够更好地开展教学，提升学生的学习兴趣，使学生处在教学的主体地位上，促进学生全面发展，使其能够更好地进行学习，使学生逐渐养成独立性、系统性、创新性的学习习惯。当前社会逐渐地由重视科学技术为主发展到了以人为本的时代，在教育行业当中，现代教育更加强调以人为本，注重将理解人、尊重人、爱护人，以及提升、发展人的精神融入教学当中，以此来实现对人才的全过程、多方位、系统性培养。

（三）大学英语教学改革中 OBE 理念的应用

1.OBE 理念的概述

20 世纪 90 年代，成果导向（OBE）教育理念由美国著名教育家斯帕德提出。OBE 理念认为，教学设计和教学实施的目标是学生经过教育过程最后取得的学习成果。而学习成果的反馈则可以用来改进原有的教学设计与教学活动实施。因此，教育者应根据行业需求、学习者就业需求及自我发展需求，预设学生毕业时应具备的能力，并以这些能力为教学目标，设计人才培养方案，制定专业课程标准，开设相关课程并建立教学评价体系。

2.OBE 理念下大学英语教学改革途径

（1）制定英语教学的目标

在将 OBE 理念融入大学英语教学当中的时候，要积极寻求反向设计及正向提高，最终以成果为导向，实行大学英语教学改革的目标，同时将学生作为培养的主体，以学生为中心，从学生的能力培养作为目标来进行，同时也从教学的内容及教学的目标和考核的方式、教学的模式、评价资质等对大学英语教学进行相应的改革，来提高大学英语教学的效率。在大学英语教学改革中，要将英语的综合能力作为培养的基础，从而制定大学英语教学的目标，在大学英语教学的目标当中，要将英语听力及口语、语法的教学和英语的写作能力作为相应的目标来进行考核。

（2）优化大学英语的教学内容

在传统的英语教学模式当中，大多数教师采用以教师为主学生为辅的一种授课模式，这种授课模式大多数是将课本知识传输给学生，在词汇方面进行填鸭式的教育方式，这种教育方式很枯燥，对于学生来说没有吸引力，同时也没有参与的积极性，最终导致学生对于学习英语的厌倦，学习效率下降，同时也使大学英语教学的效率有所下降。在大学英语教学的内容当中，要最终以学习成果为本位，只有优化大学英语教学的内容才能在大学英语教育改革当中有所体现，大学英语教育的内容要强调对于学生英语综合能力的培养，同时要对英语有实际的运用能力，以及遇到问题时能够用英语解决问题的能力。同时，优化教学内容，注重英语听力、英语写作、语法阅读的合理安排，开发多层次、深层次的教学内容，提高学生的学习兴趣，为大学英语教师提供更多的学习资源，最终实现自主学习。

（3）选择适合的英语教学模式

在大学英语教育改革当中，单一的教育模式已经不能适应当代大学生对英语学习的需求，不能高效地完成学习目标。大学英语教学要实行多元化的及立体化的教学模式。在大学英语教学的过程当中，教师要采用实践教学与课堂教学相结合的模式进行教学，这样才能极大地提高教学的效率。在进行词汇讲解时，要引入相关的知识点帮助学生拓展知识方面，在进行重点难点分析的时候，要让学生进行相互之间的交流及探讨，让学生发表自己的意见，这样就可以让学生积极参与到学习当中去。教学模式的多样化还表现在大学英语课文进行教学的过程当中，可以让学生进行朗读，这种朗读的形式可以使学生在课文当中扮演不同的角色，可以极大地提高学生的口语训练的能力，以及培养学生英语的听力，同时学生的英语综合能力也会有一个提高，最终实现大学英语课堂立体化、多元化的教学模式，对于学生学习大学英语有一定的帮助。大学英语教育改革的模式，还可以采用探究式教学模式、互动式教学模式、翻转式课堂模式这三种进行自主学习。同时还可以利用当代信息发达的优势，采用线上线下相互结合的模式进行授课，利用互联网的优势进行微课教学，能够使学生的兴趣得到极大的提高。

（四）"中体西用"理念在大学英语教学的实施

1. "中体西用"理念的概述

"中体西用"理念出现于19世纪末，源于鸦片战争后中西文化的碰撞。其完整地表述为"中学为体，西学为用"，洋务派代表人物张之洞对其内涵有着详尽的表述："中学为内学，西学为外学；中学治身心，西学应世事……以孝悌忠信为德，以尊主庇民为政，虽朝运汽机，夕驰铁路，无害为圣人之徒也。"随后进一步指出，"《四书》《五经》、中国史事、政书、地图为旧学，西政、西艺、西史为新学。旧学为体，新学为用，不使偏废"，成为这一时期中西文化交流与融合的指导思想。当下中国已然进入一个新时代，"中体西用"在此处也具有了崭新的教育内涵。"中学为体"，即立足于中华优秀传统文化，凸显民族文化的主体性，守住民族文化之根。"西学为用"，即以英语为载体，为中国文化的表达与输出服务，强调"为我所用"的工具作用，遏制西语裹挟而来的异质文化的单向输入，扭转民族文化"失语"局面，达到中西文明的互通互鉴，相映生辉。针对目前大学英语教学中存在的问题，有必要贯彻"中体西用"的教育理念，从语言维、方法维、意识维对大学英语教育实施路径进行探究。

2. "中体西用"理念的实施途径

（1）语言——扎根本土，学以致用

语言是信息的载体，亦是文化的载体。兼工具性与人文性为一体。在"文化走出去"的战略背景下，应当秉承"扎根本土，学以致用"的教育方针。在教学中注重外语词汇在中国语境的应用，强调外语与中国现实的关联，让外语为输出中国话语服务。例如：在学习 initiative 这个词时，将其扩展到"一带一路"倡议；讲 community 时，应联想到"命运共同体"。教师应当提升语言服务于现实的能力及意识，夯实双语及跨文化素养，不做字典释义释例的死板搬运工，站稳三尺讲台，讲好中国故事，让学生既了解到词汇本身的含义，又学会本国国情的外语表达。只有这样，才能真正实现不同文化间的"互动"。

（2）方法——与时俱进，不拘一格

大学英语教学要积极尝试不同教学模式，编写配套教材，以此优化教学过程，体现教学目标和教学要求的适切性、教学内容的导向性和教学方法的有效性。针对教材编写滞后于社会发展的客观现实，教师可以基于教学主题，采用"旧瓶装新酒"的模式，在教学内容和教学方法上进行创新：就教学内容创新而言，可从网络渠道搜集与教材主题相关资料，在话题导入、重点词学习等环节，嵌入当前最新的内容，从而使得教学内容与时俱进，题材新颖、贴近社会现实，不仅能激发学生学习兴趣，还可让学生体验到英语之"学"可以致现实之"用"。例如，山西农业大学学生使用的全新版大学进阶英语教材编于2017年，最新的文章选材也只到了2014年，在讲解"人生追梦"主题人物时，可结合时事热点如钟南山及医护人员的"抗疫救民行动"进行诠释，体现主题的鲜活性。就教学方法创新而言，得益于信息化时代科技的迅猛发展，可以借助各种技术工具，变革教学方法，使得教学形式更加丰富、立体、多元。例如，在讲解"水危机"时，通过课堂多媒体"干涸土地"图片的展示及相关内容的短视频，提高学生课堂注意力，带来感官及心理冲击，从而强化学生的水危机意识及水节约意识，达到人文教育的目的。英语教育应合理运用现代教育技术，"通过多模态手段增强语言教学的直观性、生动性和交互性，有效提升教学效果"。

（3）意识——知己知彼，文化观照

在意识维层面，大学英语教学应当树立"知己知彼，文化观照"的理念，所谓"知己知彼"，即对异国及本国的历史、地理、风俗、信仰、传统等各方面应有一定的了解，力求达到融通之境界；"文化观照"指的是在学习洞察英语文化及意识形态的同时，立足自身民族文化本位，弘扬中国优秀传统文化，坚持社会主义办学方向，对外国文化意识形态进行审慎辨析，做到中西文化的互通互鉴。高校作为引领先进文化思潮的前沿阵地，应严格贯彻中国特色社会主义教育"立德树人"的办学宗旨，锤炼学生高尚的道德品质和责任担当意识，这离不开中华传统文化的熏陶与滋养。基于此，大学英语教育必须高度重视中国传统文化教学，避免本土文化缺位。在英语课堂中，传播中华思想文化，打造立德树人的文化传承与交流平台，发挥"润物细无声"的人文素养培育效用，培养学生成为中国文化的传承者和传播者，在不同领域讲好"中国故事"，做中国的文化形象大使，做世界文明的沟通大使。

(五)"以写促学"教学理念的应用探究

1. "以写促学"的内涵

在最近几年外语教育改革的大背景下，基于"写长法"的"以写促学"教学模式被广泛应用到各个阶段英语教学中，那么究竟什么是"以写促学"教学模式呢？所谓"以写促学"教学模式，简单来说就是一种以"写"为突破口的教学新模式，在这一模式中，教师需要通过各式各样的手段激发学生"写"的激情，并让学生在"写"的过程中逐步深化对英语知识的理解，为后续学生更灵活、有效地运用英语知识夯实基础。所以，这一教学模式作为一项更侧重语言实践的教学模式，在大学英语教学改革的今天，越来越多地被运用到大学英语教育之中，大大提高了大学英语教育的效果。

2. 英语教学中应用"以写促学"理念的价值

首先，"以写促学"教学理念能帮助学生逐步掌握英语学习的规律，并在逐步增加写作量的基础上，将写作技巧、真情实感融入英语学习、写作之中，为后续学生更主动地参与到英语学习中奠定扎实的心理基础。

其次，"以写促学"教学理念的应用能帮助学生提高学习英语的自信，尤其对于正处在"瓶颈"期的学生，恰当地应用"以写促学"教学模式能够帮助学生快速地将零散的英语知识整合在一起。凭借对学生外化英语能力的整合，实现学生对大学英语知识的内化，进而收获好的大学英语教学成效，为后续学生步入社会更灵活、有效地应用大学英语知识打下基础。

3. 英语教学中应用"以写促学"的方法

结合上述大学英语教学中有关"以写促学"教学理念应用的研究，在后续教学改革中，如果想获得比较好的教学理念应用成效，教师就应该从学生对大学英语教育的需求、社会对大学英语教育的需求等层面出发，多维度优化"以写促学"教学理念在大学英语教学中的有效运用，推动这一课程教学的改革、优化。

（1）明确大学英语"以写促学"理念应用

"以写促学"教学理念应用目标能解决绝大部分教师在大学英语教学中应用时面临的困惑。所以，在后续教学改革中，教师就应该从明确教学模式应用目标的角度出发，综合学生个体成长、社会发展需求及学校教育安排等多方面因素，借此推动大学英语教学中"以写促学"教学模式应用的准确性，从中收获更好的大学英语教育改良效果。首先，教师应从学生对大学英语课的需求出发，明确"以写促学"教学模式应用是为了帮助学生提高英语实践能力，从而为后续课程设计指明前行的方向。比如，在大学英语实际教学中应用"以写促学"教学模式时，教师需要先明确这一大学英语课是专业课还是公共课，如果上课学生是非英语专业的学生，那么在设计英语课上"以写促学"教学法应用时，教师就应该从基础应用、日常沟通等角度出发，满足学生使用英语交流的需求即可；如果上课的学生是英语专业的学生，那么教师在设计英语课上"以写促学"教学模式应用时就需要适度拓展这一教学模式设计的深度、广度，以此确保学生能够在这一环节教学中得到专业层面的提升，为后续这一专业学生步入社会提供坚实的助力。其次，教师则应从社会对大学英语课教学的需求出发，明确"以写促学"教学模式在这一环节教学应用时能提高学生英语实践能力方面的优势，以此帮助学生通过大学阶段英语知识的学习能够更好地投身于后续社会生活之中，发挥这一教学模式对学生成长、后续就业的积极作用。比如，就目前社会企业对大学生英语水平的要求来看，绝大部分企业都要求学生具备一定的英语口语交际、写作能力，所以教师在基于社会需求设计"以写促学"教学模式应用时，也应着重对学生这一能力予以提升，以此收获更有针对性的"以写促学"教学模式应用效果，推动大学英语教育的进一步完善、优化。

（2）贴合学生情况，设计全面有效的"以写促学"

针对以往大学英语教学中应用"以写促学"教学模式时因学生自能素养不够而导致的"以写促学"教学模式应用效果不佳问题，教师则应转变以往"师本"的教育思路，为学生提供更符合其能力水平的"以写促学"教学模式应用方案，借此提高这一教学模式应用的针对性，为后续"以写促学"教学模式发挥其存在意义贡献一份力量。从以往大学英语教学中应用"以写促学"教学模式的经验来看，建议教师可以将"分层"的思路运用到大学英语"以写促学"教学模式中去，通过打造分层"以写促学"模式的方式，满足不同能力层学生学习大学英语知识的需求，进而帮助这一教学模式发挥其存在的价值，推动这一环节教育的发展。与此同时，教师还可以从当代大学生的优势出发，为大学生设计能够实现"以写促学"英语教学的课外拓展研习活动，以此为学生创造学习英语知识、实践英语知识的机会，从中帮助大学生获得英语素养、能力方面的有效提升。

（3）紧跟时代步伐，融通现代技术和"以写促学"

在上述大学英语教学中"以写促学"教学模式应用举措的基础上，教师还可以将更多现代技术、现代思维融入这一课程教学过程中，凭借这一环节各教学举措的应用，推动大学英语教学的发展、革新，从中收获更好的大学英语教育成效，为后续大学生英语能力的培养提供材料。一方面，教师可以将现代化的教育思维融入英语课"以写促学"教学模式应用之中,通过"小组合作学习"的方式弥补以往"以写促学"教学模式在大学英语教学中应用落实程度不高的问题,以此确保"以写促学"教学模式能够发挥其本质价值,提高大学英语教学的效果。另一方面,教师则可以将各种现代化设备、技术应用到这一环节的"以写促学"教学模式中,凭借这些现代技术在大学英语教学中的应用、实践,提高这一环节的教学成效,收获更好的大学英语"以写促学"教学效果。

二、高校英语创新教学模式的实践与探究

(一)多维互动教学模式的实践与应用

1. 多维互动教学模式的概念及内涵

所谓的多维互动式教学模式,主要是一种在开放式教育环境下,将教学活动当作是师生、生生、师师之间多层次、多方位、多元化的交互活动过程,通过对教学互动方式的优化与深化,对各类教学要素进行充分利用与优化配置,并对其内在关系进行合理调节,激励学生不断成长与发展,并逐渐形成多主题、多方式、多层次与多角度和谐互动,产生教学共振的新型教学模式。与传统教学模式相比,多维互动模式破除了传统的学生被动受教模式,逐渐建立起更加和谐与创新的启发式、交互式教学模式,重视自学、促学、导学、助学相结合,强化内外课堂相互组合与渗透,通过师生的多元化互动与交流,师生的全方位参与,从而使得多维互动教学模式下的教学情境更具交互性、和谐性、创造性与情境性,有利于更好地激发和调动学生学习的积极性与创造性,更好地培养学生良好的团队合作意识与自主学习能力,对于学生所学知识的自主探究与多维实践非常有利。

2. 多维互动教学模式应用的重要性

当前,在素质教育与现代科学教育不断发展的环境与背景下,教育的手段与方式必须要不断转变与革新。在具体实践教学中,通过运用多维互动教学模式,能够对学生的内驱力进行更好的激发,使得学生的主动性、积极性得以更好的调动,引导学生将学习变成一种内在的动力与需求,从而在根本上推动学生的个性、能力及认知得到更为全面的发展。同时,从教师教学角度来分析,通过运用该教学模式,其能够对传统的以教材、教师及课堂为中心的教学模式进行更好的改变,使得单向的师"授"、生"受"的教学方式得以更好的转变,将学生的主体性地位进行更好的展示,"以人为本"的教学理念得以更好地彰显,在师生、师师、生生之间的互动与交流过程中真正实现教学相长。此外,对于学生的成长与发展

来讲，在课堂上运用多维互动教学模式，能够更好地锻炼与提高学生发现问题、分析问题及解决问题的能力，同时也能够促进学生的探究、分析、概括、评价与创新能力得到更好提升，更有助于学生形成尊重客观事实、敢于怀疑和坚持真理，以及锲而不舍的科学素养。

3. 多维互动教学模式实践与应用的策略

（1）重视多维互动教学理念与模式的有效应用

在开展高校英语实践教学活动时，教师要从多个方面和角度去分析与评价当前英语教学的实际现状，并对培养英语专业人才的迫切需求进行全面认知与了解，积极转变与摒弃落后、传统的英语教学理念与思维，将最新的实践教学思路融合、渗透到英语实践教学课程或者活动当中来，逐渐打造优质的英语教学课堂。此外，教师在制定英语教学方案时，要结合学生学习英语知识的特点与个性化特征，不断完善与健全英语教学方案，制定更具针对性、个性化、多元化、高效化的英语实践教学策略与规划，为高校英语实践教学品质的提升提供坚实的思想基础与思路保障。

（2）重视教学模式的转变与革新

为了能够合理、科学地运用多维互动教学模式，教师要先对学生的个性化、差异化特征进行了解，针对不同学生学习能力与英语素养的具体情况来因材施教，有计划、有目标地对每类学生的英语实践能力进行培养，从而循序渐进、有条不紊地打造更加高效的英语实践教学体系。此外，从多维互动方面来分析，教师必须要重视教学模式与活动开展的多样化、多元化、丰富化，给学生创造更好的交互情境，优化英语教学环境，让学生能够融入其中，深刻地理解与感受实践英语、听说英语的乐趣，提升多维互动英语教育的品质。

（3）强化教学资源的整合，丰富英语教学内容与形式

在信息技术飞速发展的背景下，教师可以充分运用微课、慕课、多媒体等信息化教学技术来辅助与拓展教学，并对互联网中的英语实践教学资源进行反复、充分的挖掘，取其精华、去其糟粕，不断优化与丰富现有的英语实践教学课程或活动，给当前的英语教学实践活动持续注入更丰富、更具色彩的知识与情境，从多个角度与方面来锻炼学生英语听说能力，提升学生英语综合素养与品质。此外，教师也可以整合校园教学资源，从校园环境、校园广播、校园广告宣传栏、班级主题班会、英语竞赛等方面着手，丰富实践的具体形式，同时也给学生提供不同的学习情境与锻炼的机会，在耳濡目染、潜移默化中，学生的英语交际能力、听说能力就能够得到一定程度的提升。

(4)强化师生、生生、师师的全面互动

从英语实践教学角度来看，英语作为一门世界性语言，其应用的价值不容置疑。面对经济全球化的大环境与大趋势，掌握与灵活应用英语是大势所趋、人心所向，也是人才成长与发展过程中必备的一项技能。在传统的英语教学模式中，学生所学的英语知识多局限于书本或者教材，英语能力的提升也多以英语成绩来衡量，这种落后的教育形式与模式是不利于培养学生良好的英语听、说、读、写能力的，更不利于提高学生的交际英语水平。鉴于此，在运用多维互动教学模式来拓展英语实践教学时，教师必须要重视学生英语实践能力的提升，明确英语实践教学的目标，做好英语教学定位，这样才能够增强多维互动教学的有效性与科学性。

（二）高校英语多媒体视角下教学模式的实践与探究

1.新媒体对于高校英语教学的应用意义

（1）丰富英语课堂教学

大学英语教学包括听、说、读、写、译等几方面的内容，在大学英语的新媒体课堂教学过程中，适当地运用这种新媒体技术，能够有效激发广大学生学习英语的兴趣与积极性，可以帮助实现有效的师生交流互动，可以使教师的教学方式更加多样化，学生的英语学习过程也更加生动，将这种新媒体教育技术广泛应用于大学英语教学，不但丰富了教学内容，同时也促进了教学观念的创新。新媒体技术为当前我国大学英语课堂注入了新的教学活力与文化元素，通过英语音频、图像、视频及中英文动画等新颖的教学表现形式，将英语课堂教学的具体内容直接形象地呈现给学生，吸引他们的注意力，充分调动他们的课堂学习积极性，从而主动地积极参与课堂教学来学习新的知识，以达到让学生牢记并深化认识所学知识、启发思考的目的。在传统英语课堂中，学生的课堂参与度不高，教师往往占据了主导地位，以灌输知识为主，学生被动地接受所学知识，而在这种新媒体教学环境下，教师可以根据学生的英语基础和实际学习情况，提供一种动态的课堂教学，提升英语课堂的活力，激发学生的英语学习兴趣，使他们主动参与到课堂学习中，启发学生对所学的知识进行积极的思考，从而提升教学水平与教学效果。

（2）构建新型学习模式促进知识扩展

随着我国现代网络及信息技术的不断创新与发展，这些新技术也被越来越广泛地应用于教育教学当中。作为一种新型课堂教学模式的新媒体技术，在有效提升课堂教学质量与提高教学工作效率方面更是起到了积极的促进作用。新媒体依靠发达的网络技术，在大学英语教学中，不仅能够被应用于课堂教学，还能够在课下引导学生积极参与到学习中来。在教学以外的课余时间，教师可以根据具体的课堂教学内容给学生安排一些英语学习与互动任务，学生可以充分利用网络学习平台对一些相关的英语学习资料进行查阅，甚至可以直接参与到各种网络英语微课与网上慕课结合的教学中来，学生课下也可以学到更多的英语知识。通过网络新媒体技术促使学生可以做到充分利用课外的课余时间，构建一个全程化的新型网络英语教育学习互动模式。在大学英语教学中，借助新媒体开展一些别出心裁的英语教学活动，利用网络平台对英语知识进行广泛的传播。新媒体所创造的学习环境，能够及时填补传统教学设备的不足，为学生们提供了优质的英语学习资源和学习氛围，提升学生们英语应用能力，从而增加学生们的英语知识储备。

2. 新媒体视角下的大学英语教学模式

（1）精心制作教学课件

新媒体教学技术与传统课堂教学模式相比，其最大的优势就在于它不仅能够有效使课堂教学的内容形式更加丰富多彩，还能够有效吸引学生们的注意力，并将复杂而抽象的课堂教学内容非常清晰而直观地展现在学生面前，让他们更好地理解所学的知识。在大学英语课堂上，教师不仅可以通过充分利用新媒体技术为广大学生创造良好的课堂学习活动氛围，还可以结合每节课的实际教学内容，设计教学 PPT，同时可以添加一些音频、视频，甚至还可以播放与课堂教学内容相关的一些趣味的动画片，增强大学英语课堂教学趣味性，进一步激发学生学习英语的兴趣与积极性。

（2）开展慕课教学

教师可以通过慕课平台搜集大量的教学材料来丰富自己的教学内容。同时为了让学生充分利用课下时间，激发学生对大学英语的学习兴趣，教师还可以给学生推荐一些优秀的教学视频，供学生学习。大多数的慕课教学视频的时长都与正常的课堂教学时长比较接近，学生可以根据自己的英语学习基础和对知识掌握的实际情况来进行视频学习的选择，把慕课作为课堂知识内容以外的补充，以达到"温故而知新"的目的。开展慕课需要用到新媒体技术，可以充分发挥网络信息技术的优势，教师可以在网络学习平台上设置一些相关的问题，让学生进行回答，学生完成所有题目的正确率与出错率可以利用信息技术进行统计，使教师对学生所学知识的掌握程度有一个直观的了解和掌握，从而方便教师对自己的教学方案进行进一步优化，提高教学质量。同时，慕课还为师生互动提供了平台，当学生遇到不懂的问题时，可以与教师进行一对一的交流，从而提高学生学习英语的成绩。

（3）利用微课与翻转课堂

微课基于视频的传播录制，是目前应用范围非常广泛的一种英语新媒体传播技术，它的主要特点就是短小而精悍，微课的整个视频录制时长约10分钟，学生只要利用很短的时间就能快速了解本节课大部分的重要知识点和重难点，这种新型的英语视频学习模式已经得到广大学生的认可，提高了学生的积极性和主动性。课前的预习与课后的复习，这两个英语学习基本步骤，对于大学英语这门基础课程尤为重要，促使学生在课上能够跟上授课教师的教学思路，课下能对所学知识内容进行反复的深入思考与分析解读。学生通过观看微课，提前完成了对课堂上英语基础知识的系统学习，调动了学生自主学习英语的主动性和积极性，而且还节约了大量的课堂教学时间，从而提升了教学质量与教学效率。微课堂的互动性比较强，学生的参与度更高，符合大学英语课堂教学的需要。翻转课堂教学模式作为一种新型有效的课堂教学模式，在各个专业学科课堂教学过程中都被广泛地提及与应用，它彻底颠覆了传统的课堂教学模式。翻转课堂与传统课堂教学的最大区别就在于，它是一种将学生作为学习主体的新型教学模式，而不是以教师为教学主体的传统教学模式，同时，由于它提高了学生学习的主动性，在这种新型课堂教学模式之下，学生不再被动地接受所学知识，而是转变为主动学习。在大学英语课堂上，师生互动是一个必不可少的教学环节，而翻转课堂这种全新的课堂教学模式，使学生能够积极主动地在课堂上进行师生互动，更好地促进了师生之间的情感交流，激发了学生对大学英语的学习兴趣。

（三）思政元素融入高校英语教学模式的实践与探究

1. 英语教学模式融入思政元素的价值

（1）激发学习内驱力，提高大学英语课程教学质量

随着经济全球化与文化多元化进程的不断加快，英语成为全球通用语言。在高等教育内涵化发展的时代背景下，国家明确提出高校要重视大学生英语学习能力与学习质量。但大学英语教学方法单一，教学模式更新迟缓，思政内容涉及较少。在传统大学英语课程教学过程中，教师过分重视大学生对英语语言相关知识的掌握情况。传统的教学模式虽然可以有效提高大学生英语考试通过率，但学习方式死板、学习目标单一，难以激发学生学习内驱力。大学英语教学中融入思政元素，可以有效激发学生的学习内驱力。一方面，大学英语教学中

融入思政元素不仅有利于当代大学生主动关注国家政治走向，了解国家优秀传统文化，还有利于提升大学生的思考能力和学习兴趣，激发大学生英语学习的内驱力。另一方面，课程思政背景下，大学英语教学中融入思政元素，是大学英语教学从以课程为中心转向以立德树人为中心的重要环节，是大学英语教学改革面临的挑战与发展趋向，对提高当代大学生英语学习质量具有不可小觑的作用。

（2）传播社会主义主流文化，引发大学生价值共鸣

语言不仅是交流的工具，也是人类文化传承的主要方式。随着中国国际影响力的不断提升，中西文化交流越来越频繁，英语成为中西文化交流的重要工具。学习外来文化，是为了了解中西文化的异同，取其精华，去其糟粕，从而深化对本国主流文化的价值认同。大学生的价值观尚未成熟，他们在学习大学英语的过程中可能受到大量外来文化与思想的侵蚀，很可能出现崇洋媚外的行为。教师可以运用英语课程中的思政元素，有计划地将本土文化、主流价值观教育、思想政治教育融入英语课程教学中，帮助大学生在学习外来文化的同时学习本土文化，发挥大学英语教学的思政教育价值，激发大学生的爱国热情，开阔大学生的国际视野。教师应对中西文化持包容的态度，培养大学生自主探索与思考的能力。因此，在大学英语教学中融入思政元素，对学生开展强化民族文化意识及民族自豪感的教育是非常必要的。

2. 课程思政融入大学英语教学模式的路径

（1）在教学活动中树立课程思政教育理念

美国管理学家波拉德认为："人都是自己思想的奴隶，一个人的行为方式受制于其特定的观念和思想。"课程思政背景下，树立科学的教育教学理念是大学英语教学模式改革的基本前提。大学英语授课教师作为教育教学活动的直接参与者，其教育教学理念对于思政因素融入大学英语课程教学具有重要的引领作用。将思政元素快速融入高校各门学科的课程教学中，是高校改革和强化大学生价值观教育的主要趋势与方向，是高校实现德育与智育并重、培养德才兼备的优秀人才的重要渠道，也是高校响应国家"三全育人"号召的重要举措。在文化多元化的时代背景下，高校大学生面临着重塑价值观的挑战，因此应以课程思政理念为引领，发挥大学英语课程的文化优势。一方面，高校管理人员应该在校内广泛宣传课程思政理念的内涵与价值，保证高校教育教学活动的参与者把握课程思政的内涵精髓。另一方面，高校应不断培养大学英语教师的课程思政教育理念，引导授课教师正确认识课程思政。

（2）提升教师课程思政专业教学能力

在课程思政背景下，大学英语教学模式改革的重要推动者与责任人是教师。教师课程思政能力建设是大学英语教学模式改革的关键因素。大学英语教师的课程思政能力是指将思政元素与大学英语课程内容有机融合的能力和将教学方式思政化的能力。首先，大学英语教师应该具备将思政元素与大学英语课程内容有机融合的能力。大学英语教师要在整体把握大学英语课程教学目标的基础上，创造性地进行课程内容的设计与安排，保证大学英语课程思政价值的充分发挥。大学英语教师应该正确审视英语课程内容所涉及的西方主流思想、多元文化及价值观选择等问题，在满足大学生英语学习需求的基础上，引导大学生树立科学的价值观、人生观与世界观，使其不受西方腐朽思想的侵蚀。其次，大学英语教师应具备灵活选择教学方式的能力。大学英语教师应该基于培养应用型人才的核心目标，强调大学英语课程学习的问题导向，创新大学英语教育教学方法。大学英语教师应该改变"我讲你听"的传统授课模式，将话题型课程内容的学习主体权利还给学生，充分发挥大学生的主观能动性。以学生为主体的教学模式不仅可以帮助教师了解学生的学习需求，还可以深化课程内容的教育价值，使大学生对课程内容产生兴趣并进行思考，从而实现课程思政教育目标。

（3）挖掘高校课程资源

课程是高校教育教学活动的载体。高校课程内容的设置需要围绕培养德才兼备的人才这一核心要求，大学英语教材的研发同样要基于育才、育人双重目标。大学英语课程具有丰富的思政资源，因此高校应高度重视大学英语课程资源的开发，挖掘其中的思政元素。首先，基于课程目标，大学英语课程教材内容应利用西方本土相关素材，帮助高校大学生了解西方文化。大学英语课程不仅能够帮助大学生提升英语语言运用能力，还能够帮助大学生了解国外优秀文化，利用英语语言工具传播中华民族优秀文化。其次，在课程思政背景下，高校大学英语教学目标应包括帮助大学生学习西方文化和培养大学生的价值判断能力两方面内容。高校在设置大学英语课程时，应该有意识地将培养大学生社会主义核心价值观的思政元素融入大学英语教材中，以"润物细无声"的方式对高校大学生开展思政教育，在培养大学生语言能力、提升大学生的知识水平的同时，坚定大学生的文化自信，提升其人格魅力。最后，国家应该将支持高校进行课程思政教学改革落到实处。一方面，可以根据各个高校的实际情况给予课程研发、平台建设、师资建设等方面的资金投入；另一方面，可以举办全国高校课程思政课程研发竞赛，鼓励全国高校积极参与课程研发。

(四)基于微信平台的大学英语"翻转课堂"教学模式探索

1. "翻转课堂"模式的教学方向

翻转课堂教学模式最早由美国科罗拉多州的化学老师于2007年在课堂中采用,并在美国中小学教育中推广。随着互联网的普及,知识的获取途径愈加多元,教学模式不再依赖传统的教师面授,因此课内外的学习空间、师生角色也发生改变。知识的学习可在课外完成,而课堂教学主要基于项目式学习,通过解决问题提升学生综合素质。教师变成内容与活动的设计者,而学生是学习的主角。开展"翻转课堂"教学,可从以下三方面入手。

(1)视频开发制作

基于特定学情、教学目标和重难点、教学单元话题制作微课短视频是教师的基本技能。视频应控制在十分钟内,以便学生集中精力开展自主学习,并根据自己的基础水平进行多次回看。

(2)重构教学流程

教师根据教学单元设置课前、课中、课后教学任务。课前主要发布知识讲解的微课和与单元内容相关联的拓展阅读,学生在课前完成"信息传递"。课中主要对课前学习情况进行测试和答疑、学生之间通过合作开展项目式学习,以促进知识的"吸收内化",重点提升探究、合作、创新能力等核心素养。课后主要根据前面两个环节的学习效果,设置开放性学习任务,以达到巩固知识、提升能力的目的。同时通过在线交流平台监督和评价学生作业完成情况,并及时给予指导和帮助。

(3)选择教学平台

在翻转课堂模式下,教学内容必须通过便捷的网络平台呈现课前、课中、课后的学习任务。教学实践发现,微信平台最方便学生随时随地学习,并及时汇总学习情况,帮助教师掌握学生学习状况并真正了解学生。

2. "翻转课堂"模式下的教学设计

翻转课堂模式下的课前、课中、课后三环节的教学任务与传统课堂有较大区别。

(1)课前

教师在课前根据单元内容发布2~3个学习任务。内容与步骤包括:①教师上传与话题相关的导学视频,设置1~2个自测题或思考题,以引起学生兴趣,对于无法回答的问题可在课堂进行讨论;②核心单词的讲解、运用和例句通过微课展示,学生在课前完成核心词句学习,扫清视听训练障碍;③学生课前自主完成视听题目和收听音频，可随时随地进行视听训练，这样学生能根据自身水平和做题错误率进行多次训练。

（2）课中

课中教学活动突出"以学生为中心"的教学理念，以小组合作学习为主要方式，重点强化语言交际能力。我国英语教学的最大痛点在于学生的语言交际能力偏弱，传统的英语教育只注重书面能力训练而非语言交际能力培养。因此，大学英语视听说课程的教学环节应包括如下几个方面。①回顾课前学习内容。教师点评学生课前学习情况，解答问题，抛出与主题相关的问题让学生开展互动讨论。②在线词汇游戏测试。教师利用 Quizlet 或 Kahoot 在线词汇学习与测试工具，提前设置与教学内容相关的核心单词和短语，通过游戏竞技的方式，扫除词汇学习的枯燥，提升课堂气氛和学习效率。③开展 AI 人机会话。利用微软小英或外研随身学开展人机会话，巩固课前自主学习的语篇内容，打破学生不敢开口的痛点，解决大班制教学情况下教师无法单独纠正学生发音的难题。同时，平台自动打分，学生可对分数较低的句型进行重复操练。④开展角色扮演。教师根据教学话题，创设典型的职场或生活情境，让学生以小组为单位开展角色扮演，让语言输入转为输出，有利于提升学生职场应变能力和交际能力。以上四个教学环节都是知识的"吸收内化"过程。

（3）课后

大学英语课程思政教育对贯彻"立德树人"教育方针、树立文化自信、讲好中国故事、传播中华文化具有重要意义。课后活动设置以项目式学习为主，以问题解决为出发点，以传播中国新声为目的，制作与教学主题相关的短视频。例如，在 Product 单元设置"我为中国制造代言"英文短片制作任务，以培养学生价值体认、责任担当和问题解决为主要目的，既将课堂知识进行迁移，又能让学生以团队协作的方式完成短片制作，并通过微信平台展示学习成果。

3. "翻转课堂"模式下的教学评价

基于微信平台的大学英语翻转课堂模式通过云空间，让教师的教学辅导、监控和评价更加便利。课前、课中、课后三环节既有量性评价又有质性评价。课前的视听训练、课中的词汇测试和人机对话采用量性评价，由平台对学生学习情况自动打分并生成统计数据，课程考核关注从"期末成绩"转向"学习过程"。课中互动讨论、角色扮演和课后"中国故事"主题视频制作采用质性评价，评价主体有教师、学生、平台和网络。通过微信小打卡提交的学习成果可视可传播，也是最佳成果展示途径。学生学习成果可通过朋友圈转发，评价方式为网友集赞和点评，真正实现用英语讲述中国故事、传播中国文化、展示学生综合素质。

（五）创新模块式教学模式，强化英语实践能力

1. 创建大学英语模块式教学的意义

（1）必要性

第一，社会对人才英语综合能力有更高的要求社会。用人单位需要的是应用型人才，因此对大学毕业生的要求日渐提高，在掌握专业知识的同时又能用外语进行高效交流，使得学生也面临更大的压力。对于高校来说，大学课程建设成败的重要衡量标准就是能否培养出一批具有扎实专业知识且又精通外国语言的优秀学生。目前，用人单位更看重的是能力，在招聘时为了对应聘者的实际英语应用能力进行考查，英语口试环节是必不可少的，尤其对三资企业而言，更是对毕业生的英语水平要求极高。基于此，在高校扩招、不断增加就业人数的严峻形势下，就业不能仅凭证书或学位，不具备较强的英语应用技能，否则就无法应对新挑战，而且在择业和就业时也是困难重重。

第二，毕业生的英语水平难以满足社会需求。每年我国的高校毕业生人数都在增加，这些毕业生无论在校期间是否获得了英语等级证书，其英语能力都与当今经济和商务社会所需的能力相差甚远。根据相关调查得知，在跨国公司里，能够达到雇佣条件的中国毕业生还不到一半。如今，人才的需求和供应这两方面出现了严重不平衡的现象。导致这一问题产生的原因就在于教育模式不创新，仍在使用传统模式，教师为课堂的中心，学生要被动地接受教师所传授的知识和技能，由此导致学生在学习英语时主动性、创造性远远不够，学生的英语综合潜能也得不到最大限度的激发。"填鸭式"教学模式的主要特点是教师在课堂上将知识灌输给所有学生，其最终结果就是学生的所学与所用会产生严重的脱节问题，难以灵活地将英语运用到专业领域中去，也满足不了就业岗位的实际要求。

第三，模块式教学有利于学生英语综合技能水平的提高。最初的模块理论源自美国的一项心理学研究成果，20世纪90年代初，职业教育开始应用模块式教学，模块教学法也就此应运而生。重视培养学生的能力及知识的实用性是模块式教学模式的关键所在，并且模块式教学也是一种重视提高实践技能的现场教学活动。在教学中充分运用模块式教学模式能够合理地利用和整合教学资源，开展体系化英语教学，使大学生学习英语的积极性被充分地调动起来，还有利于对自身潜能进行深入的挖掘，英语教学可以得到很大的突破。所以，只有有效合理地实施模块式教学，才能更好地缓解高校毕业生的英语综合能力低于社会岗位对英语

需求高之间存在的严重矛盾。

（2）可行性

各高校已经认识到教学改革的重要性，并纷纷进行了不同的教学改革尝试，努力做到与时俱进。为了提高大学生的英语水平，高校也采取了合适的教学方法，而首先要做的就是大学英语教学改革。所谓的模块式教学不是对传统的教学模式做大手术，而是要积极调整教学内容、对象、方式及课程等，从而达到高效传播与接受英语知识的目的。此外，学生也更愿意以愉快的途径在有限的时间空间里提高自己的英语水平，进一步提升自己的岗位能力。由此可见，大学英语模块教学在高校中是非常可行的。

2. 大学英语模块式教学模式的改革策略

（1）合理设计基础教学模块

在大学英语教学的过程中可以充分利用模块式教学模式，其关键在于对教学模块进行科学合理的设计。一是必须要满足高校英语教学开展的需求；二是学生积累水平也得到强化，并且促进学生英语实践能力得到提升。基于此，教师在设计教学模块时，必须对高校的实际教学情况、教材内容及学生的专业分布等因素进行综合考虑，提高大学生学习英语的能力。另外，在教学内容的设计过程中，必须分层进行，并且在设计的过程中对学生的个性化特点要尤为注意，利用有效的教学措施达到促进学生英语表达能力提升的目的。

（2）合理利用现有英语教材

为了使英语模块化教学模式能够融入大学英语教学中，就要对相关的教学资料进行合理的利用，使课堂的教学内容得到不断丰富。此外，一个教学阶段设置的模块是促进开展模块式教学的前提和有力保障，教材和资料的使用也要以其为基础。但是这并不能说明教材不重要，而我们需要的是对现有教材进行合理的开发，不同专业的学生可以选取一些符合专业授课情况的辅助性资料。此外，高校设定的所有教学目标都要在规定的时间内完成，对学生的英语实践能力不断进行强化，使现有的课程内容得到补充，确保学生所做出的选择是符合自己学习情况的，并具有一定的针对性。

（3）突破传统大学英语教学方法的束缚

在传统的教学模式下，教师在英语教学中始终占主导地位，而处于被动地位的则是学生，学生只能被动接受教师所讲授的知识。长此以往，师生间距离越来越远。所以，我们要敢于突破这种传统的教学模式，要体现出在英语学习中学生的主体地位，在课堂教学顺利进行的基础上，有必要增设一个课堂讨论环节，从而拉近师生之间的距离,增进感情,加强交流,活跃课堂气氛。师生间更为丰富的交流,可以提升学生的课堂学习效率,学生也能更深入地去理解自己所学习到的内容,而不是浮于表面,学生就可以在学习中融入自己所学习到的英语知识。

(4) 构建英语教学平台

在各行业的发展中,信息技术都被应用其中。此外,高校在改革大学英语模块式教学时也在倡导将现代化技术充分融入教学中,以此为前提,才能促进相应网络教学平台的构建。在大学英语教学中利用模块式教学模式,可以将多媒体技术运用其中,以此强化英语教学的趣味性。此外,网络教学平台的优势是其具有独特性,不仅以校内的教学资源为主要资源,而且还可以对网上资源加以充分利用,使英语课程更加丰富,更有新鲜感,激发学生的学习兴趣,使学生积极主动地学习,由此提高他们的实践能力。

参考文献

[1] 于欣宏.论大学英语教学现状及采用模块式教学的意义[J].黑龙江教师发展学院学报，2022，41（1）：145-147.

[2] 卢凝.高校英语教学中学生思辨能力的培养策略[J].黑龙江教师发展学院学报，2022，41（1）：154-156.

[3] 毛现桩."三全育人"视角下课程思政融入大学英语课程群的价值意蕴、建设现状与路径优化[J].安阳工学院学报，2022，21（1）：115-119.

[4] 张志杰，李月莹，张楠，等.基于OBE理念的"大学英语"混合式教学课程思政设计与实施——以通化师范学院为例[J].通化师范学院学报，2022，43（01）：140-144.

[5] 王悦.课程思政走进大学英语课堂的策略探究[J].产业与科技论坛，2022，21（2）：106-107.

[6] 何姣姣.高职院校大学英语课堂中"课程思政"的渗透研究[J].产业与科技论坛，2022，21（2）：128-129.

[7] 吴琼.应用型地方高校大学英语一流课程建设探究[J].产业与科技论坛，2022，21（2）：225-226.

[8] 袁慧，刘姝红.POA理论下思维导图在大学英语写作教学中的应用研究——以湖南农业大学东方科技学院为例[J].黑龙江生态工程职业学院学报，2022，35（1）：158-160.

[9] 刘波涛.产出导向法在大学英语听说教学中的应用研究[J/OL].内蒙古农业大学学报（社会科学版）：2022,24（1）：33-38.

[10] 郑锦菁.《中国英语能力等级量表》对应用型高校大学英语教师ESP转型发展的启示[J].华北理工大学学报（社会科学版），2022，22（1）：92-95；101.

[11] 张卉婷.基于DEA模型的大学英语学习效率实证研究[J].蚌埠学院学报，2022，11（1）：48-53.

[12] 潘俊峰，李志芳，徐迪雄.基于学生需求分析构建医科院校大学英语多元课程[J].高教学刊，2022，8（1）：83-86；91.

[13] 何贞慧.推进立体化教学改革培养跨文化交际能力——评《跨文化交际语境下的大学英语教学探究》[J].山西财经大学学报，2022，44（1）：127.

[14] 干昭君."课程思政"背景下的《大学英语》教学改革研究[J].语言与文化研究,2021(1):68-71.

[15] 单燕萍,陈建丽.POA视域下大学英语翻转课堂模式的探讨[J].语言与文化研究,2021(1):81-86.

[16] 高艳春.混合学习环境下艺术类大学英语"双主式"多模态教学模式研究[J].语言与文化研究,2021(1):87-92.

[17] 范国文.外语课程思政和大学生中国文化国际传播能力培养研究[J].语言与文化研究,2021(1):93-99.

[18] 何君萍.非英语专业学术英语写作能力构建[J].中国冶金教育,2021(6):8-11.

[19] 龚韶华.语言测试的反拨作用与大学英语考试改革的思考——以呼伦贝尔学院为例[J].呼伦贝尔学院学报,2021,29(6):34-37.

[20] 王慧丽.新媒体视角下高校英语教学模式探索[J].呼伦贝尔学院学报,2021,29(6):69-71.

[21] 苟亚军,张莉.基于产出导向法的大学英语教学探索——以促成教学环节为例[J].纺织服装教育,2021,36(6):563-568.

[22] 谢耀晶.信息技术在大学英语混合式教学中应用的实证研究——以翻转外语小程序为例[J].长春教育学院学报,2021,38(12):24-32.

[23] 杨惠敏.课程思政与高校英语课程的融合研究[J].教育教学论坛,2021(52):109-112.

[24] 王娟.以目标为导向的英语翻转课堂设计[J].教育教学论坛,2021(52):121-124.

[25] 宋晓焕,刘娟,刘晓连.基于认知心理学的听力过程模式对大学英语听力教学效果的影响分析[J].太原城市职业技术学院学报,2021(12):140-143.

[26] 林明金.大学英语有效教学改革的目标转向和达成途径[J].外国语言文学,2021,38(6):640-650;667-668.

[27] 邓楠,潘杰."三全育人"视域下大学英语课程思政实施路径探究[J].吉林工程技术师范学院学报,2021,37(12):19-21.

[28] 郭洁.文化育人背景下大学公共英语课程思政的实践策略[J].吉林工程技术师范学院学报,2021,37(12):22-24.

[29] 李萌华.大学英语教材编写回眸:实践与探索[J].外语界,2021(6):31-37;89.

[30] 代小玲.高职大学英语课程思政教学设计与效果分析[J].武汉船舶职业技术学院学报,2021,20(4):62-64.